JN197176

安倍「4項目」改憲の建前と本音

上脇博之

日本機関紙出版センター

はじめに

安倍晋三内閣総理大臣（首相）は今年10月24日の衆議院と参議院の各本会議での所信表明演説において、憲法改正（改憲）について「（衆参の）憲法審査会で政党が具体的な改正案を示すことで、国民の理解を深める努力を重ねていく」「与野党の政治的立場を超え、できるだけ幅広い合意が得られると確信している」「国会議員の責任を共に果たしていこう」と演説しました。

これは、自民党総裁としてではなく、首相としての演説ですので、憲法違反（違憲）です。内閣や首相には、憲法改正案の原案を国会に提出する権限が憲法上も法律上もありませんので、憲法尊重擁護義務（日本国憲法第99条）に反するからです。安倍首相は、本書第1部でも紹介するように同様の演説を過去にも行っています。〝違憲行為の常習犯〟なのです。

そんな人物が首相の内閣とそんな人物が総裁である自由民主党（自民党）は、改憲を実現できない中、2014年と15年に日本国憲法と民意を蹂躙する「解釈」や「立法」を強行してきました（本書第1部を参照）が、その後、安倍自民党は、日本国憲法の明文改憲を本格的に目指し始めました。2017年衆議院総選挙における同党の公約では、改憲を「自衛隊の明記、教育の無償化・充実強化、緊急事態対応、参議院の合区解消の4項目」に絞っていました。そして同党の憲法改正推進本部は、「4項目」につき具体的な条文案まで策定してきました。同じ与党の公明党とも交渉せず、単独で国会に憲法改正原案を提出する勢いです。

ところが、本書第2部・第3部で指摘するように、自民党憲法改正推進本部の議論内容と条文案を知ると、実は「4項目」の実体は「7項目」なのです。また、安倍自民党の宣伝する改憲には、国民向けの建前と、国民に隠している本音があることがわかります。そして、その本音を隠すために「7項目」を「4項目」と表現しているという思惑も見えてきます。

本書では、安倍自民党の改憲の建前と本音がそれぞれどのようなものなのかを明らかにし、改憲の実体の点でも改憲の手続きの点でも「7項目」を「4項目」と表現している思惑を明らかにします。

第2部では、「4項目」改憲のうち、最初に「参議院の合区解消」改憲を取り上げます。その本音が民意を歪曲して自民党「圧勝」を確保できる選挙制度を温存することであり、そのことが他の「3項目」改憲の本音を実現するための土台になっているからです。

第3部では憲法改正手続きの問題を取り上げます。その際、憲法改正の国民投票に関する運動が原則自由であるため、莫大なカネが投じられることが予想されますので、本書では、有料のテレビ・ラジオCM広告などが自民党など改憲勢力の高額なカネによって行われるため全く〝公平〟ではないことを指摘します（第3章）。

また、自民党や内閣官房長官の受け取っている税金には従来高額な使途不明金（裏金）があり、それが広告・広報活動に投入されると予想されますが、それを予防するための歯止めが存在しないため、たとえ広告規制が実現しても、改憲に関する運動が〝公正〟でもありえないことを指摘します（第3部第4章）。

本書で紹介するように資金力の点での〝不公平さ〟に注目してCM広告規制を説く見解とその動きはありますが、公金および政治資金（事実上の公金）の使途不明金がある点で〝不公正さ〟が生じうることを問題視する見解が私見以外に見られないので、本書ではこの点をきちんと指摘し力説しておきます。

本書が、安倍自民党の改憲に反対する方々だけではなく、その改憲内容を知らない方々やその改憲内容に対する評価を躊躇している方々、あるいはまた、その改憲の全部または一部に賛成している方々に読んでいただき、安倍自民党改憲に対し理性的で客観的な判断をしていただけることを切に願っております。

安倍「4項目」改憲の建前と本音

目次

第1部

自公政権による〝憲法と民意の蹂躙〟と明文改憲に向けた動き

第1章　安保体制のグローバル化と憲法9条の蹂躙

第1節　日本政府の最初の「解釈改憲」から安保体制のグローバル化へ

◆アメリカの補完部隊として事実上の「再軍備」と「専守防衛」方針

1945年8月日本は敗戦を迎え、占領軍が駐留し始めました。1951年9月に講和条約がサンフランシスコ市内で調印され翌52年4月28日に発効し、日本が独立すると同時に、占領軍は日本から出て行くべきでした。ところが、サンフランシスコ講和条約発効と同日に、いわゆる日米安保条約（旧日米安保条約）が発効し、これにより占領軍はアメリカ軍として日本に駐留し続けることになりました。

また、1950年の朝鮮戦争の勃発により占領軍（米軍）が朝鮮戦争に出動したため、その穴を埋めるためにアメリカは日本に「警察予備隊」を創設させます。その2年後に日本政府は「警察予備隊」を「保安隊」にし、1954年には「自衛隊」とし事実上「再軍備」しましたが、憲法第9条があるので「自衛隊は戦力（軍隊）ではない」と言い訳し、自衛隊はあくまでも外国から武力攻撃を受けた時に備えて防衛するための実力（自衛力）だとして「専守防衛」の方針を表明せざるを得ませんでした。これは憲法の解釈の枠を超えるものなので、解釈として許されないのですが、憲法改正（改憲）の手続きを経ずに「解釈」で改憲の目的を達成しているので「解釈改憲」と呼ばれます。

◆「集団的自衛権」は自衛権ではなく他衛権

ところで、「自衛権」といった場合、「個別的自衛権」と「集団的自衛権」の両方があると言われるときがあります。国際連合憲章（国連憲章）は、両者を並立して条文に明記しています（第51条）。しかし、厳密にいえば、その説明は間違いです。

「個別的自衛権」とは、ある国家が別の国家に武力攻撃を行った場合、武力攻撃を受けた国家が、武力攻撃をした国家に対し武力を行使して反撃できる権利です。つまり、自国を衛る権利で、まさに自衛権です。

一方、「個別的自衛権」を行使した国家が同盟国に対し軍事的支援を求めた場合、その同盟国が武力を行使して反撃してくれる権利が「集団的自衛権」です。つまり、自国が他国に武力攻撃を受けていないのに、同盟国を衛るために反撃してあげる権利で、「集団的自衛権の本質は『他衛』であって、自衛ではありません」（浅井基文『集団的実施権と日本国憲法』集英社新書・２００２年80頁）から、「集団的自衛権」は、他国を衛る権利、すなわち「他衛権」と表現した方が正確なのです。

アメリカなどの大国は、この「他衛権」を行使できると、他国の戦争に参戦できるので、国連憲章に明記することに賛成しました。そして、現に大国はこれに乗じて、小国の戦争に積極的に参戦してきました。例えば、アメリカのベトナム戦争への参戦、旧ソ連のアフガニスタン侵攻、ＮＡＴＯ諸国のアフガニスタン攻撃などは、集団的自衛権の行使として大国が参戦してきた代表例です。

◆集団的自衛権の行使は９条違反

いわゆる日米安保条約は、「日本国及びアメリカ合衆国は、……両国が国際連合憲章に定める個別的又は集団的自衛の固有の権利を有していることを確認し」、「各締約国は、日本国の施政の下にある領域における、いずれか一方に対する武力攻撃が、自国の平和及び安全を危うくするものであることを認め、自国の憲法上の規定及び手続に従って共通の危険に対処するように行動することを宣言」しています（日本国とアメリカ合衆国との間の相互協力及び安全保障条約前文・第5条第1項）。これが「他衛権＝集団的自衛権の行使」についての日米の条約上の合意です。

これによると、日本国が外国から「武力攻撃」を受け、同盟国であるアメリカに協力を求めれば、アメリカが「共通の危険に対処するように行動する」のです。これには、〝集団的自衛権を行使すること〟も含まれます。また、アメリカが「日本国の施政の下にある領域」で「武力攻撃」を受け、日本国に協力を求めれば、日本は、〝集団的自衛権を行使すること〟もありうることになります（日本が個別的自衛権の行使をする場合を除き）。

日本国憲法第9条は一切の戦争だけではなく、武力の行使、武力による威嚇さえも放棄し、交戦権を認めていないのですから、「集団的自衛権」＝「他衛権」の行使が違憲であることは明白ですが、たとえ「専守防衛」のために自衛隊を「合憲」と「解釈」する「解釈改憲」の立場に立っても、「個別的自衛権」の行使で説明できない「他衛権」の行使は、その一部であっても、「専守防衛」の枠を超えることは明白ですから、合憲になるはずがないのです。

ですから、歴代の自民党政権も、「集団的自衛権の行使」は「憲法の認めているところではないと考えている。」と答弁し（例えば、1980年10月14日、鈴木善幸首相の答弁）、それゆえ、「集団的自衛権」

の行使を認めるためには「憲法改正という手段を当然とらざるを得ない」と答弁してきたのです（例えば、1983年2月22日、衆議院予算委員会・角田禮次郎内閣法制局長官答弁）。

要するに、従来、自民党政権は、他国を衛るための「集団的自衛権」＝「他衛権」につき、それを保有してはいるものの、その行使は「専守防衛」の枠を超えるので違憲と解釈し、その限りで自衛隊の活動には厳しい制限を課してきたのです（後述する、安倍政権の更なる「解釈改憲」を含め自民党政権の政府解釈については、浦田一郎『集団的自衛権限定容認とは何か』日本評論社・2016年を参照）。

◆安保体制のグローバル化と「専守防衛」方針の放棄

自衛隊が海外に出動し「専守防衛」方針からアメリカの戦争に協力する方向へと大きく変わり始めたのは、1990年代に入ってからで、軍事活動を前提にした「国際貢献」論が登場します。

1989年にベルリンの壁が崩壊し（ソ連も1991年に崩壊）、従来の冷戦構造も崩壊したため、東欧諸国にも資本主義の自由経済が入り込む余地が出てきました。安全保障理事会も米ソの対立から、アメリカ中心に変わりました。これにより、アメリカが安全保障理事会を主導して戦争を行ってもきました。例えば、1990年にイラクがクェートに侵攻したことを機に、湾岸戦争を始めました。そしてアメリカは日本に軍事協力を求め始めました。湾岸戦争後、日本は掃海艇を「派遣」（派兵）しました。1992年には、日本政府はPKO協力法を成立させ、自衛隊の事実上の海外派兵を継続的に行うようになりました。

また、1994年の「政治改革」により衆議院議員を選出する選挙制度は、それまでの中選挙区制を廃止して、自民党など改憲政党が過剰代表できる小選挙区選挙中心のものに「改革」されたので、明文改憲も実現可能になりました。

それゆえ、アメリカとは1996年の「日米安保共同宣言」で「地球規模の問題についての日米協力」を謳い、翌97年の新ガイドライン（新日米防衛協力指針）では、日本周辺領域で放置すれば日本の平和や安全に重大な影響を及ぼす事態である「日本周辺事態」は地理的概念ではないとして「日本周辺事態」での共同について合意しました。つまり、地球の裏側を含め日本はアメリカの戦争等に地球規模で協力することを約束したのです。

この日米安保のグローバル（地球規模）化の合意を実行するために日本政府・与党は、周辺事態法など新ガイドライン関連法を制定し（1999年5月）、自衛隊による後方地域支援、後方地域捜索救助活動、船舶検査活動などを法律上可能にしました。しかし、当時の政権は地球の裏側を「周辺事態」に含めるとは答弁しませんでした。

◆アメリカの9条改憲要求

そこで、アメリカは、さらに「日本が集団的自衛権を禁止していることが、同盟関係の足かせになっている。集団的自衛権を行使できるようにすれば、より緊密で効果的な安全保障協力ができる」と、「集団的自衛権」の行使にむけ、日本政府の解釈の見直し、あるいは9条改憲を強く要求してきました（米国防大学国家戦略研究所〈INSS〉特別報告「合衆国と日本——成熟したパートナーシップに向けて」2000年10月11日）。この報告書は、元軍人で、ロナルド・レーガン政権（1981年～89年）の国防次官補代理、国防次官補を務めたリチャード・アーミテージが中心となってまとめた報告書なので、「アーミテージレポート」と呼ばれました。

それを受けて２０００年代に日本は、いわゆる「同時多発テロ」を受けたアメリカのアフガニスタンへの国際法違反の「報復戦争」を支援するためのテロ対策特別措置法も制定し（２００１年10月）、自衛隊による協力支援活動、捜索救助活動、被災民救助活動などを法律上可能にしました。アラビア海への自衛隊派遣を2年間延長するテロ対策特別措置法「改正」も行いましたし（２００３年10月10日）、アメリカの国際法違反の先制攻撃に基づく軍事占領を支援するための「イラク復興支援」特別措置法も制定し（２００３年7月26日）、多国籍軍への自衛隊参加を法律上可能にしました。

憲法改正を党是とする自民党は、２００５年11月の結党50周年の党大会で、日本国憲法をベースに部分「改正」をまとめた「新憲法草案」を公式に発表しました。創憲論の民主党が党憲法調査会の総会で「憲法提言」を了承したのもその頃（同年10月末）でした（詳細は、全国憲法研究会編『憲法改正問題』法律時報増刊・日本評論社・２００５年、同『続・憲法改正問題』同・２００６年を参照）。

◆広義の有事法制による自衛隊の海外「派遣」（＝派兵）と狭義の有事法制

しかし、自民党などの改憲政党は9条の明文改憲を実現できませんでした。

２００７年参議院通常選挙で与野党の勢力が逆転した結果として、いわゆるテロ対策特別措置法が同年11月1日に限切れを迎え、派遣されていた海上自衛隊はインド洋から撤退しましたが、政府は、同年10月、「テロ対策海上阻止活動に対する補給支援活動の実施に関する特別措置法案」（いわゆる補給支援法）を提出し、08年1月、与党が「3分の2」以上の議席を占めている衆議院で同法案を再可決し成立を強行し、再度、アフガニスタンに対するアメリカの戦争、軍事占領を後方支援するために、海上自衛隊をインド洋に「派遣」（＝派兵）したのです。

このように、自公政権は、自衛隊の海外での活動を飛躍的に広げ、アメリカの要求に応えてきました。しかしそれでも、集団的自衛権の行使を禁じた憲法（とその政府の解釈）が、その活動の大きな制約となっていたのです。

以上が広義の有事立法であるとすれば、狭義の有事法制の整備も、その間、アメリカの要求に応えて行われてきました。

第1弾として、政府与党は、有事関連3法（武力攻撃事態（対処）法、自衛隊法「改正」、安全保障会議設置法「改正」）を成立させましたし（2003年6月6日）、第2弾として有事関連7法（「国民保護法」、「外国軍用品等海上輸送規制法」、「米軍行動円滑化法」、「自衛隊法改正」、「交通・通信利用法」、「捕虜等取り扱い法」、「国際人道法違反処罰法」）を成立させました（2004年6月14日）。

以上は基本的にすべて憲法第9条に違反するものです（有事立法については、全国憲法研究会編『憲法と有事法制』法律時報増刊・日本評論社・2002年などを参照）。

◆イラク平和訴訟名古屋高裁の違憲・違法判決

一方、2008年には以上の流れに憲法上・法律上歯止めをかける画期的な判決が名古屋高裁で出ます。同高裁は「現在イラクにおいて行われている航空自衛隊の空輸活動は、政府と同じ憲法解釈に立ち、イラク特措法を合憲とした場合であっても、武力行使を禁止したイラク特措法2条2項、活動地域を非戦闘地域に限定した同条3項に違反し、かつ、憲法9条1項に違反する活動を含んでいる」と判示しました（自衛隊のイラク派兵差止等請求控訴事件２００８年4月17日名古屋高裁違憲判決）。

そこで、自民党は、９条改憲を含む日本国憲法全体の改憲に本腰を入れることになります。

第２節　安倍政権の更なる「解釈改憲」と「立法改憲」

◆自民党「日本国憲法改正草案」（２０１２年）など改憲のオンパレード

２０１２年４月には、サンフランシスコ講和条約発効60周年を契機にして、自民党をはじめ保守の改憲政党が憲法改正案等を公表しました。

自民党は、明文改憲を目指し、２０１２年４月27日に「日本国憲法改正草案」を公表しました。その直前には、たちあがれ日本「自主憲法大綱『案』」（同年同月25日）、みんなの党「憲法改正の基本的考え方」（同年４月27日）の公表もありました。国民新党もひと月遅れで自主憲法制定を明記した「綱領」（自主憲法制定）（同年５月30日）を発表しました。

大阪維新の会も８月末には、憲法改正の国民投票に求める「維新八策」最終案（同年８月31日）を公表し、後に「日本維新の会」が全国政党として結成されました。

同年12月16日施行の衆議院議員総選挙で自民党などの保守政党は、憲法９条改正を中心に憲法改正を公約しました。とはいえ、明文改憲が総選挙の重大な争点になったわけではありませんでした。この総選挙で自民党は、その前の2009年総選挙よりも得票数を減らしたにもかかわらず、膨大な死票と民意歪曲による過剰代表を生み出す〝小選挙区効果〟で「圧勝」しました。

自公両党は、第一次安倍政権で「戦後レジームからの脱却」を目指し、教育基本法を「改正」、防衛庁を「省」に昇格させ、「憲法改正」手続法を強行制定させましたが、安倍晋三自民党総裁と山口那津男公明党代表は、総選挙9日後の同月25日、八つの「重点課題」を挙げ、これらに「全力で取り組むことを確認する」「連立政権合意文書」を交わし、その7番目の「重点課題」に「憲法」を挙げ、「憲法審査会の審議を促進し、憲法改正に向けた国民的な議論を深める」と明記し、当時、「日本維新の会」や「みんなの党」は安倍政権のすすめる改憲に協力することを公言していました。

2012年12月の衆議院総選挙後、再び内閣総理大臣に任命された安倍晋三自民党総裁は、朝日新聞の報道によると、2013年2月15日、党本部で開かれた憲法改正推進本部（保利耕輔本部長）の会合で講演し、北朝鮮による拉致被害者の横田めぐみさんを引き合いに出して「こういう憲法でなければ、横田めぐみさんを守れたかもしれない」と改憲の必要性を訴えたというのです。

しかし、拉致被害者は日本人だけではありません。軍隊を保有する外国の人々も拉致されています。ですから、9条改憲の理由としては全く見当違いです。

本音は別のところにあるようです。時事通信の配信記事によると、その会合で安倍総裁は自衛隊について「自分を守る利己的な軍隊だとの印象がある」として、自民党が衆議院総選挙の公約で掲げた「国防軍」創設の必要性を訴えたというのです。つまり、9条改憲は外国が日本を武力攻撃することに備えるという「専守防衛」のためではないのです。

◆明文改憲できないので安倍内閣は更なる「解釈改憲」

しかし、明文改憲ができる政治状況ではありませんでした。国民の大きな抵抗があったからです。

そこで、安倍晋三自公連立内閣は、２０１４年7月1日に、次のように、①自国ではなく他国を衛る〝集団的自衛権〟（他衛権）の行使につき従来の政府解釈の枠内であると強弁して従来の〝違憲〟解釈を「合憲」へと変更し、また、②それまでの「後方地域支援」を「後方支援」に変更する等を内容とする閣議決定を強行しました（更なる「解釈改憲」）。

①「我が国に対する武力攻撃が発生した場合のみならず、我が国と密接な関係にある他国に対する武力攻撃が発生し、これにより我が国の存立が脅かされ、国民の生命、自由及び幸福追求の権利が根底から覆される明白な危険がある場合において、これを排除し、我が国の存立を全うし、国民を守るために他に適当な手段がないときに、必要最小限度の実力を行使することは、従来の政府見解の基本的な論理に基づく自衛のための措置として、憲法上許容されると考えるべきであると判断するに至った。」

②「政府としては、いわゆる『武力の行使との一体化』論それ自体は前提とした上で、その議論の積み重ねを踏まえつつ、これまでの自衛隊の活動の実経験、国際連合の集団安全保障措置の実態等を勘案して、従来の『後方地域』あるいはいわゆる『非戦闘地域』といった自衛隊が活動する範囲をおよそ一体化の問題が生じない地域に一律に区切る枠組みではなく、他国が『現に戦闘行為を行っている現場』ではない場所で実施する補給、輸送などの我が国の支援活動については、当該他国の『武力の行使と一体化』するものではないという認識を基本とした以下の考え方に立って、我が国の安全の確

保や国際社会の平和と安定のために活動する他国軍隊に対して、必要な支援活動を実施できるようにするための法整備を進めることとする。

（ア）我が国の支援対象となる他国軍隊が『現に戦闘行為を行っている現場』では、支援活動は実施しない。

（イ）仮に、状況変化により、我が国が支援活動を実施している場所が『現に戦闘行為を行っている現場』となる場合には、直ちにそこで実施している支援活動を休止又は中断する。」

◆2015年4月の新ガイドライン

翌2015年4月27日、日米両政府は、安倍政権の閣議決定（「解釈改憲」）を踏まえ、米ニューヨークで外務・防衛担当閣僚会合（2プラス2）を開き、「日米防衛協力のための指針」（ガイドライン）について、18年ぶりの改定に合意しました。

この改定は文字通り安保法制の先取りというもので、①「アジア・太平洋地域及びこれを越えた地域」（グローバルな規模）で、②「平時から緊急事態までのいかなる状況においても」「切れ目のない」共同軍事行動を展開することを約束し、③そのため「日米両政府は、新たな、平時から利用可能な同盟調整メカニズムを設置し、運用面の調整を強化し、共同計画の策定を強化する」としていたのです。

より具体的には、日本の集団的自衛権行使を盛り込み（他衛権行使の違憲の解禁）、米軍への後方支援の地理的制限もなくし（「後方地域支援」から「後方支援」へ）、自衛隊の米軍への切れ目のない軍事協力をグローバル（地球規模）に拡大するものであり、かつ「平時からの協力措置」でも日本（自衛隊）

は「後方支援」するというものでした。その中核は次のような内容です。

「自衛隊は、日本と密接な関係にある他国に対する武力攻撃が発生し、これにより日本の存立が脅かされ、国民の生命、自由及び幸福追求の権利が根底から覆される明白な危険がある事態に対処し、日本の存立を全うし、日本国民を守るため、武力の行使を伴う適切な作戦を実施する。」

「作戦上おのおのの後方支援能力の補完が必要となる場合、自衛隊及び米軍はおのおのの能力及び利用可能性に基づき、柔軟かつ適時に後方支援を相互に行う。」

「日米両政府は支援を行うため、中央政府及び地方公共団体の機関が有する権限及び能力並びに民間が有する能力を適切に活用する。」

◆戦争法強行採決による「立法改憲」

そして自公与党は、２０１５年５月、マスコミが「平和安全法制」と呼んだ11の安保関連法案に合意（５月11日）し、安倍内閣は同法案を閣議決定し（５月14日）、国会に提出しました（翌15日）。「平和安全法制」（安保関連法）11法案は、武力攻撃事態法改正案など現行法の改正案10本を一括した「平和安全法制整備法案」と、自衛隊の海外派遣の恒久法「国際平和支援法案」で構成されていました。その中にはたとえば、１９９９年制定の「周辺事態法」のように「重要影響事態法」へと法律の名称を変更するようなものも含まれています。

また、国連平和維持活動（ＰＫＯ）協力法（１９９２年制定）改正では、ＰＫＯの「参加５原則」の一部を緩和し、ＰＫＯで実施できる業務は「駆け付け警護」「宿営地の共同防護」へ拡大されました。

注意を要するのは、従来のＰＫＯが派遣先の国で停戦が成立し、同国がＰＫＯの受け入れに同意し、ＰＫＯの活動が中立であるという原則のもとで行われていたのに比べ、湾岸戦争後のイラク・クウェート監視団（１９９１年～２００３年）からは、そのような原則が変質した中でＰＫＯが行われている、ということです。それなのに日本がＰＫＯ協力を改正して実施業務を拡大したことは、従来以上に危険な状態の中で自衛隊は活動を行うことになることを意味しています。

以上の安保関連法は、２０１５年9月19日、参議院で強行採決され、成立しました。同法は、アメリカの要求に応えてアメリカと一緒に日本も戦争に参戦するための法律であり、明らかに違憲の戦争法です。この違憲の戦争法が国民の多くが反対する中で強行成立されたのです。明らかな民意の蹂躙でもありました（安倍政権の「解釈改憲」と「立法改憲」の詳細については、上脇博之『日本国憲法の真価と改憲論の正体』日本機関紙出版センター・２０１７年、第5章を参照）。

もちろん、同法は、日本国憲法第９条そのものが改憲手続き（第96条第1項）を経て「改正」されたわけではありません。前記「解釈改憲」を含む「立法改憲」は、憲法第９条違反であることには変わりはないのです。

そこで、アメリカの要求の有無と関係なく、改憲を悲願とする安倍首相は、改憲手続きによる明文改憲を目指し続けることになります。

第２章　安倍自民党内の改憲論議

第１節　自民党の方針転換

◆自民党は「日本国憲法改正草案」（２０１２年）の撤回を拒否

２０１６年９月25日、与野党の幹事長らが、翌26日召集の臨時国会を前に、ＮＨＫ番組で議論した際に、民進党の野田佳彦幹事長が自民党「日本国憲法改正草案」（２０１２年）について「国民の権利を軽んじている」「まずは撤回しないと議論は進まない」と述べ、衆参両院の憲法審査会などでの協議に向けて、自民党の「日本国憲法改正草案」を撤回する（取り下げる）よう要求しました。

これに対し、自民党の二階俊博幹事長は「皆さんの意見を聞くゆとりを持たなければいけないが、今すぐ草案を撤回するところまでは考えていない」と述べ、修正には含みを持たせる一方で、撤回を拒否しました（二階幹事長『自民改憲草案、撤回しない』毎日新聞２０１６年９月25日19時28分）。

もっとも、安倍晋三自民党総裁は、これまで明文改憲について国政選挙の争点にすると明言してきませんでした。それどころか、２０１６年７月の参議院通常選挙の際には、明文改憲を「選挙の争点にしない」と明言しました。したがって、国会は、明文改憲を具体的に議論する必要はありませんし、議論すべきでもありませんでした。

◆安倍首相による憲法違反の改憲発言

ところが、安倍晋三首相は、2017年の新年早々（1月5日午前）、自民党党会合で「（現行の）憲法施行から70年の節目の年だ。新しい時代にふさわしい憲法はどんな憲法か。今年はいよいよ議論を深め、形作っていく年にしたい」「そのためにそれぞれが責任を果たすことが求められる」と明文改憲に意欲を示しました（「首相『改憲議論深める年に』　自民党仕事始め」日経新聞2017年1月5日12時57分）。

それを受け、自民党の二階俊博幹事長はその翌日、BSフジの「PRIME NEWS」に出演し、「総理が念頭に口火を切ったのだから、これから詰めていくことを、ずっと自民党は、今年中の最大の課題の一つとして、考えていかなければいけない」と述べ、「憲法改正は、2017年最大の課題の一つ」との認識を示しました（「二階幹事長、『憲法改正は2017年最大の課題の一つ』との認識　BSフジの『PRIME NEWS』で」FNN同年1月7日13時59分）。

さらに、安倍首相は、同年1月20日召集の通常国会で施政方針演説を行いましたが、その内容はまるで自民党総裁の演説そのものでした。

「未来は変えられる。全ては、私たちの行動にかかっています。ただ批判に明け暮れたり、言論の府である国会の中でプラカードを掲げても、何も生まれません。意見の違いはあっても、真摯かつ建設的な議論をたたかわせ、結果を出していこうではありませんか。自らの未来を、自らの手で切り拓く。その気概が、今こそ、求められています。憲法施行70年の節目に当たり、私たちの子や孫、未来を生きる世代のため、次なる70年に向かって、日本をどのような国にしていくのか。その案を国民に提示するため、憲法審査会で具体的な議論を深めようではありませんか。」

安倍首相のこの演説は、日本国憲法が大臣に課している憲法尊重擁護義務（第99条）に違反しています。日本国憲法（第96条）は内閣に憲法改正原案の国会への提出権を認めないと解されますし、後述する現行の憲法改正手続法も同様に内閣に原案提出権を認めていません。それなのに、内閣総理大臣が国会で明文改憲論議を呼びかけるのは、内閣や内閣総理大臣に認められない越権的発言です。

自民党の二階俊博幹事長は同年1月22日のＮＨＫ番組で、安倍首相が意欲を示した憲法改正について「できるだけ早く一定の方向で党の考えをまとめたい」と述べ、今国会での憲法改正の発議に関し「状況をみて判断しなければならない」と話しました。

◆自民党憲法改正推進本部「新たな憲法改正案」策定作業と自民党２０１７年運動方針

もっとも、自民党憲法改正推進本部（保岡興治本部長）は、「新たな憲法改正案」の策定作業に入りましたが、そこでは憲法第９条の改憲は除外されていました（「自民、新改憲案策定へ　合区解消や緊急事態　合意優先、９条除外」北海道新聞２０１７年1月3日）。

その報道によると、他党の反対の強い憲法９条改正を外し、緊急事態条項の創設、財政規律条項の創設、「環境権」の保障、私学助成を「合憲」化するための憲法第89条改正案、２０１６年の参議院通常選挙から導入された「合区」を解消する項目などが、「新たな憲法改正案」に盛り込まれるとのことでした。これは、改憲における自民党の補完政党を中心に他党の理解を得やすいと思われる項目を抽出したものでした。

また、自民党憲法改正推進本部の保岡興治本部長は同年2月24日の本部会合で、憲法改正について「合意を得られた項目から順に、部分改正を重ねる必要がある。1回に3項目前後が常識的だ」と述べ、「初回の改憲を混乱なく、着実に成功させないとならない」とも語りました（「自民・保岡氏、改憲『1回に3項目前後』」日経新聞　2017年2月24日19時47分）。つまり、目論んでいる改憲を一気に実現させることを目指すのではなく、何回かに分けて行うというのです。

自民党は、2017年運動方針において、「本年は憲法施行70年を迎える。次の70年に向けて新しい憲法の姿を形作り、国会における憲法論議を加速させ、憲法改正に向けた道筋を国民に鮮明に示す。」「国民各層の理解を得つつ、両院の憲法審査会や各党との連携を図り、憲法改憲原案の発議に向けて具体的な歩みを進める。」などを決定しました（2017年3月5日党大会採択）。

また、自民党は、同日に総裁任期を「連続3期9年」に延長しましたので、安倍首相が次期総裁選（2018年9月）で3選することになれば、最長で2021年9月まで続投が可能になったのです。

◆安倍首相の「自衛隊加憲」発言

ところが、安倍晋三自民党総裁は、党憲法改正推進本部の前述の方針とは異なり、憲法第9条の明文改憲を目指していました。

2017年5月3日、東京都内の砂防会館では、日本会議系の民間団体「美しい日本の憲法をつくる国民の会」（共同代表・櫻井よしこ氏）などが改憲を求めるフォーラムを開き、安倍晋三自民党総裁・首相ビデオメッセージを流しました。

「私は、少なくとも私たちの世代のうちに、自衛隊の存在を憲法上にしっかりと位置づけ、『自衛隊が違憲かもしれない』などの議論が生まれる余地をなくすべきであると考える。」「9条の平和主義の理念は、未来に向けて、しっかりと堅持していかなければならない。そこで『9条1項、2項を残しつつ、自衛隊を明文で書き込む』という考え方は、国民的な議論に値するのだろうと思う。」「2020年を新しい憲法が施行される年にしたい、と強く願っています。」

このように安倍首相・自民党総裁の9条改憲論は、第9条の全面改訂の改憲ではなく、形式的に第9条を残しながら9条を実質的に改憲する加憲論でした。

◆「読売新聞」単独インタビューでも「自衛隊加憲」論

また、同日付「読売新聞」は、4月26日に首相官邸で約40分間行った「安倍首相」単独インタビューを掲載しました（「読売新聞」2017年5月3日）。

そのインタビュー記事においても、安倍首相はまず、「改正に向けたスケジュールをどう描いているか」との質問に対し、「私はかねがね、半世紀ぶりに日本で五輪が開催される2020年を、未来を見据えながら日本が新しく生まれ変わる大きなきっかけにすべきだと申し上げてきた。」「20年を新しい憲法が施行される年にしたい。新しい日本を作っていくこの年に、新たな憲法の施行を目指すのはふさわしい。」と述べました。

次に、「改正項目について、総理が優先して取り組みたいものは何か」との質問に対し、安倍首相は、次のように述べています。

「憲法審査会で議論を収斂させていくべきだが、自民党は圧倒的第1党として議論をリードしていく責任がある。憲法改正は自民党の歴史的使命だ。」「9条の改正にも正面から取り組んでもらいたい。」「9条については、平和主義の理念はこれからも堅持していく。そこで例えば、1項、2項をそのまま残し、その上で自衛隊の記述を書き加える。そういう考え方もある中で、現実的に私たちの責任を果たしていく道を考えるべきだ。それは国民的な議論に値するだろう。私の世代が何を成し得るかと考えれば、自衛隊を合憲化することが使命ではないかと思う。」

また、「自民党の憲法改正案草案は、『集団的自衛権』や集団安全保障などを可能にする内容になっている」との問いに対し、安倍首相は次のように応答しています。

「党の目指すべき改正はあの通りだが、政治は現実であり、結果を出していくことが求められる。改正草案にこだわるべきではない。（衆参両院で）3分の2の賛成を得て、かつ国民投票で過半数の賛成を得なければならない中、党として責任を果たしていくことを考えるべきだ。9条1項、2項をそのまま残し、そして自衛隊の存在を記述する。どのように記述するかを議論してもらいたい。自民党は（衆参両院の）憲法審査会で積極的な役割を果たす考えだ。速やかに党の改正案を提出できるよう党内の検討を急がせたい。」

次に、「緊急事態条項の創設は」と問われて次のように述べています。

「大規模災害などの緊急時の国民の安全を守るため、国や国民がどのような役割を果たし、国難を乗り越えていくかを憲法にどう位置づけるかというのは、極めて重く大切な課題だ。特に緊急事態に際し、衆院議員が不在となってしまう場合があるのではないか、との指摘は現実的で重要な論点だ。国会のあり方や役割、民主主義の根幹にかかわることでもあり、国会でよく議論をしてほしい。」

また、「日本維新の会は、教育無償化のため憲法26条の改正を訴えている」と問われ、次のように述べています。

「子どもたちこそ国の未来であり、憲法で国の未来像を議論する上で、教育は極めて重要なテーマだ。日本維新の会の積極的な提案を歓迎する。」「中学を卒業して社会人になる場合、高校を卒業してなる場合、大学を卒業してなる場合、それぞれの平均賃金には相当の差がある。より高い教育を受ける機会をみんなが同じように持てなければならない。維新の提案を受けて多くの自民党員が刺激された。速やかに自民党改正案を提案できるようにしたい。」

さらに、「『強すぎる参院』や参院選での合区の問題が指摘されている。二院制のあり方はどう考えるか」との質問には「選挙制度改革は議会政治の根幹にかかわる課題であり、参院特有の事情も踏まえながら参院での検討が進むことを期待したい」と応答しました。

◆安倍加憲論は日本会議の影響

改憲を争点にしなかった前年、2016年7月の参議院通常選挙が終わって間もなく、安倍首相は首相官邸を訪れた知人に「9条3項に自衛隊を明記したい」と語ったようです（「安倍首相改憲発言『なぜ今』に『首相がしびれ切らす…』毎日新聞2017年5月4日7時00分）が、安倍首相の加憲発言に影響を与えたのは、右翼の日本会議常任理事の伊藤哲夫（日本政策研究センター代表）の小論だった可能性が高いようです（伊藤哲夫『3分の2』獲得後の改憲戦略」『明日への選択』2016年9

月号18～22頁)。

それによると、参議院選挙で改憲勢力が憲法改正の発議に必要な「3分の2」を獲得したものの、「一気に発議というほど改憲への状況は甘くはない」ので、護憲派に揺さぶりをかけて分断を図るために、「加憲なら反対する理由はないのではなかろうか」として、「改憲はまず加憲から」という考え方への転換を主張しています。

より具体的に紹介すると、例えば、前文に「国家の存立を全力をもって確保し」といった言葉を補うこと、憲法第9条に3項を加えて「但し前項の規定は確立された国際法に基づく自衛ための実力の保持を否定するものではない」といった規定を入れること、独立章を新たに設けて緊急事態における政府の行動を根拠づける「緊急事態条項」を加えること、さらには、「家族保護規定」を設けること等々である、というのです。

そして、まずは以上の加憲の道で「普通の国家」になることをめざし、その上でいつの日か、真の「日本」にもなっていくと主張していました。それはつまり、憲法9条についての段階的改憲論です。

第2節　2017年衆議院総選挙と改憲公約

◆違憲の衆議院解散と過剰代表による政権維持

しかし、安倍改憲は予定通り順調には進みませんでした。2017年、安倍首相の昭恵夫人が名誉校長就任予定だった学校法人「森友学園」小学校の建設のために国有地が同学園に違法(財政法違反)

に超低額譲渡された疑惑や、理事長が安倍首相のお友達である学校法人「加計学園」の獣医学部新設における特区悪用疑惑が発覚したからです。

安倍首相は、これらの疑惑につき「丁寧に説明する」と公言してきましたが、実際には説明を丁寧におこなうことはありませんでした。また、衆参各院において野党が上記両疑惑につき真相解明のための証人喚問を要求しても、安倍政権・与党はそれを拒否し続けてきました。

森友学園疑惑では、近畿財務局と籠池泰典理事長（当時）の交渉の音声データなど新事実が発覚し、価格交渉までおこなっていたことが判明しましたので、森友・加計疑惑で安倍内閣の不支持率が支持率よりも高くなりました。安倍内閣は、このまま追及を受け続けると９条加憲を実現しないまま総辞職に追い込まれかねない状態にありました。

憲法第53条は、「いづれかの議院の総議員の４分の1以上の要求があれば、内閣は、その召集を決定しなければならない」と定めています。民進、共産、自由、社民の野党４党（衆議院は４党の計１２０人（定数４７５）、参議院は4党と沖縄の風の計72人（同２４２））は、２０１７年６月22日、「加計学園」の獣医学部新設計画を巡る問題の真相解明が必要だとして、憲法第53条に基づき国会開会を要求しました。しかし、安倍首相は疑惑の追及を恐れて、国会召集を引き延ばしてきました。

その後、安倍内閣はようやく臨時国会を召集しましたが、召集した国会の冒頭で疑惑追及から逃亡するために衆議院を解散しました（9月28日）。これでは憲法に基づく野党の国会開会要求に応えたことにはなりません。解散権の濫用でもありますし、審議拒否の逃亡解散は議会制民主主義の否定でもあります。三重に違憲の暴挙でした。

安倍内閣はこのような違憲の解散権行使を通じて２０１７年10月衆議院総選挙（議員定数４６５）に持ち込んだのです（10月22日投開票）。後述するように、衆議院の小選挙区選挙は、民意を歪曲して、自民党に過剰代表という不当な特権を与えるものです。これはこれまでの選挙結果が証明しています（上脇博之『ここまできた小選挙区制の弊害』あけび書房・２０１８年）。そのことを過去7回の経験（特に２０１２年と２０１４年の総選挙）で知っている安倍政権・与党は、その不当な特権の恩恵を再び受けて政権を継続させるために内閣の衆議院解散権を悪用・濫用したのです。そして、自公与党は「3分の2」の議席を不当に獲得し、総選挙後の特別国会で自民党総裁の安倍衆議院議員は再び内閣総理大臣に指名されました（11月1日）。

◆「市民と野党の共闘」が安倍政権・与党の脅威

もっとも、その半年余り前の同年1月、２０１４年衆議院総選挙の結果に基づき毎日新聞が試算したところ、民進、共産、自由、社民4党が候補者を一本化すれば、計58の小選挙区で与党の現職を逆転する可能性があり、自公与党は総定数４７５（当時）の「3分の2」（３１７議席）を大きく割り込み、計２７０議席前後まで減らす可能性が出てくると報じられました（「次期衆院選　野党協力で逆転58区　14年基に試算」毎日新聞２０１７年1月4日7時30分）。

２０１６年参議院通常選挙で一定の成果を出した「市民と野党4党の共闘」を邪魔して、結果的に自公与党の圧勝を生み出し安倍首相退陣を阻止したのは、護憲の民進党議員を排除した「希望の党」（小池百合子代表・当時）の立ち上げ（9月27日）と同党の総選挙への立候補補でした。自民党の補完政党である「希望の党」と「日本維新の会」は、総選挙で東京と大阪では候補者調整をおこない、立憲野党共闘の候補者が立候補している選挙区で候補者を擁立しました。

◆2017年総選挙における憲法・改憲に関する各党公約

改憲政党は、衆議院総選挙で、改憲内容を公約に掲げました。

自民党は「憲法改正については、国民の幅広い理解を得つつ、……自衛隊の明記、教育の無償化・充実強化、緊急事態対応、参議院の合区解消の4項目を中心に、党内外の十分な議論を踏まえ、……初めての憲法改正を目指す」と公約に明記しました。

従来から加憲論の立場を表明してきた公明党は「これまで加憲論議の対象としてきた項目は、例えば、①地球環境保護を含めた環境の保護を憲法上の権利もしくは責務として位置付けるべきかどうか、②地方自治をより強化するため、自治体の課税自主権の拡大など行財政運営の充実を定めるべきかどうか、③国家の緊急事態にこそ議会制民主主義が機能すべきとの立場から、緊急事態に国会議員の任期の特例等を設けるべきかどうか、などです。」と明示しました。

「希望の党」は「憲法9条をふくめ憲法改正論議をすすめます。国民の知る権利、地方自治の分権を明記します。憲法全体の見直しを、与野党の協議によって進めていきます。自衛隊の存在は国民に高く評価されており、これを憲法に位置づけることについては、国民の理解が得られるかどうか見極めた上で判断します。幼児教育から高校までの教育無償化、緊急事態における国政選挙の先延ばし、私学助成の位置づけを明確にするための第89条の見直しなどについて検討します。」と明示しました。

「日本維新の会」は「わが党は、教育無償化、統治機構改革、憲法裁判所の設置という3点に絞り込み憲法改正原案を取りまとめた。」と明示しました。

◆2017年衆議院総選挙後の世論調査結果

ところが、安倍自民党総裁は2017年衆議院総選挙の選挙応援で改憲を語ることはありませんでした。また、自公両党は小選挙区選挙でも比例代表選挙でも過半数の得票を獲得してはいませんので、安倍政権・与党は主権者国民の信任を得ているわけではありません。

にもかかわらず、自民党は、総選挙後、年明け（2018年）の通常国会で改憲原案を提出する方向で動き出しました。公明党の議員のほか、「日本維新の会」や「希望の党」の改憲議員らを加えると、改憲勢力は改憲の発議に必要な「3分の2」を確実に充たすおそれがあります。

しかし、衆議院総選挙（2017年10月22日）後のマスコミの世論調査では、安倍改憲あるいは改憲スケジュールに賛成する意見は増えておらず、むしろ反対する意見が増えています。

2017年10月22日衆議院総選挙後…同年11月前半

メディア	世論調査質問	回答	
共同通信	憲法9条に自衛隊を明記する安倍晋三首相の提案に	賛成 38.3%	反対 52.6%
毎日新聞	憲法9条の1項と2項はそのままにして、自衛隊の存在を明記する改正案に	賛成 33%	反対 29%
	衆院選の結果、憲法改正に前向きな勢力が衆院の3分の2を超える議席を維持しました。国会が改憲案の発議を急ぐべきだと思いますか	急ぐべきだ 24%	急ぐ必要はない 66%
産経新聞・FNN	あなたは、憲法9条の条文を維持したうえで、自衛隊の存在を明記することに	賛成 59.0%	反対 29.1%

◆「日本会議」と国会議員懇談会の設立20周年記念大会

２０１７年11月27日、右翼の民間団体「日本会議」（会長・田久保忠衛杏林大名誉教授）と日本会議国会議員懇談会の設立20周年記念大会が都内で開催され、自民党、希望の党、日本維新の会の国会議員らがこの大会に参加しました。

そこにおいても、安倍首相は「自由民主党は国民に責任を持つ政党として、憲法審査会における具体的な議論をリードし、その歴史的使命を果たしてまいります」とメッセージを寄せ、日本会議議連の新会長・古屋圭司・自民党衆院議員は「憲法改正に向けて確実に歩を進めていこう」と、また自民党憲法改正推進本部顧問の下村博文元文科大臣は「来年の通常国会にはわが党として憲法改正発議ができる。それを憲法審査会で（改憲案を）提案できるよう頑張る」と発言しました。

「希望の党」の松沢成文参院議員団代表は「憲法改正に進むよう希望の党として最大限の努力をする」と、「日本維新の会」の馬場伸幸幹事長は「憲法改正議論は、先頭に立つ」とそれぞれ呼応しました。

さらに、日本会議地方議員連盟の松田良昭会長は「９条の会や護憲派には負けられない」と、全国２８９の小選挙区に改憲推進組織をつくり、来年の憲法記念日の５月３日には組織をあげてフォーラムを開催し改憲の機運を高める方針を示しました。

この大会では「いよいよ我々は、憲法改正実現のための正念場を迎えている」などという大会宣言文を採択しました（「日本会議・議員懇談会設立20周年記念大会　憲法改正発言相次ぐ　自民党の安倍晋三総裁『歴史的使命を果たす』」産経新聞２０１７年11月27日19時56分、時事通信同年同月同日18時59分）。

第３節　自民党憲法改正推進本部の条文化作業と安倍総裁３選

◆「憲法改正に関する論点取りまとめ」（２０１７年12月20日）

自民党憲法改正推進本部は、憲法改正について具体的な改正項目を検討するため、総論的なテーマを掲げた有識者ヒアリング（２０１６年２月～５月）、各論的なテーマを掲げた有識者ヒアリング（２０１６年11月～２０１７年６月）を行い、２０１７年６月以降８回の推進本部会議において、①安全保障に関わる「自衛隊」、②統治機構のあり方に関する「緊急事態」、③１票の較差と地域の民意反映が問われる「合区解消・地方公共団体」、④国家百年の計たる「教育充実」の４項目が優先的検討項目として議論しました。

２０１７年12月20日には「憲法改正に関する論点取りまとめ」を公表しました。それによると、以上の四つの各テーマについて「現段階における議論の状況と方向性」をまとめていました（詳細は後述します）。そして、憲法改正は、「国民の幅広い支持が必要である」として、上記４テーマを含め、「各党各会派から具体的な意見・提案があれば真剣に検討するなど、建設的な議論を行っていきたい」と締めくくり、憲法改正の発議に向けて動くことを明言しています。

◆「条文イメージ（たたき台素案）」（２０１８年３月26日）

自民党憲法改正推進本部は、今年（２０１８年）に入り、それまであげてきた「四つの論点」につき具体的な条文案を俎上に載せ議論を重ね、３月26日、「憲法改正に関する議論の状況について」をまとめました。そこでは、「４項目」について「条文イメージ（たたき台素案）」を決定しました（詳細は後述します）。そして、「憲法改正に関する議論の状況について」では、各条文イメージ（たたき台素案）」については、「完成された条文ではなく、この案を基に衆参の憲法審査会で党の考え方を示し、憲法審査会で活発な議論が行われるよう努める」「衆参憲法審査会や各党・有識者の意見や議論を踏まえ、『憲法改正原案』を策定し国会に提出する」等と締めくくっていました。

◆２０１８年自民党総裁選挙

18年６月20日夜、銀座のステーキ店で開かれた宴に集まった安倍首相、両脇に麻生太郎副総理兼財務相、二階俊博幹事長が陣取り、その左右には麻生、二階両派の幹部が並びました。麻生副総理は「派閥から総裁選の推薦人を出す場合、負けた時には冷遇される覚悟をもたねばならない」と発言しました（自民党２０１８総裁選派閥の現在地[上]」朝日新聞２０１８年７月４日）。これを受けて岸田文雄政調会長はその１カ月後の７月24日に総裁選立候補見送りと安倍晋三首相（党総裁）支持を表明しましたが、石破茂・元幹事長だけが総裁選に立候補しました。その公約がなんと「正直、公正」です。明らかに森友学園・加計学園問題において安倍首相の嘘、不公正さを意識したものでした。

また、石破派に所属する斎藤健農林水産相が９月14日、石破氏も出席して千葉市で開かれた会合で、「（総裁選に立候補している）安倍（晋三首相）応援団の一人に『内閣にいるんだろ。（総裁選で）石破さんを応援するんだったら辞表を書いてからやれ』と言われた」と発言しました。麻生副総理は同月19日、東京・秋葉原で安倍首相を応援演説し、「冷や飯を食うぐらいの覚悟を持って戦って当たり前だ。

産経新聞社とFNN（フジニュースネットワーク）の世論調査（2018年8月15日・16日調査）

安倍首相が自民党の憲法改正案を秋の臨時国会に提出する方針を表明したことについて	賛成		反対	
	全体	自民党支持層	全体	自民党支持層
	38.8%	57.5%	51.1%	30.8%

そういう覚悟のない人に、日本のかじ取りを任せるわけにはいかない」と訴え、人事での冷遇に異を唱える石破茂・元幹事長側を批判しました。

安倍首相陣営は当初、党員票の7割獲得を目指しましたが、甘利明事務総長は、2012年総裁選での石破氏の得票率55％を上回るのが目標だとハードルを下げました。そして、同月20日の総裁選で安倍首相が予定通り3選されました。地方票は55％程度にとどまりましたが、国会議員票では81％を超えました。自民党の国会議員はモリカケ問題についての自浄能力がないことを露呈しました。

安倍首相は、総裁選投票前の8月12日、地元・山口県下関市でおこなわれた長州「正論」懇話会での講演で、「自民党としての憲法改正案を次の国会に提出できるよう、取りまとめを加速すべきだ」と述べていましたが、産経新聞社とFNN（フジニュースネットワーク）の世論調査では、「安倍首相が自民党の憲法改正案を秋の臨時国会に提出する方針を表明したことについて」反対が51％強もあり、自民党支持者でも31％弱もありました。

しかし、安倍首相は、9月20日の総裁選当選発表直後の挨拶では「いよいよ皆さまと共に、憲法改正に取り組んでいきたい」と発言したのです。

◆第4次安倍改造内閣と改憲強行布陣

安倍晋三首相は、10月2日内閣改造を行い、「全員野球内閣」と表現しました。菅義偉官房長官、河野太郎外務大臣、世耕弘成経済産業大臣、茂木敏充経済再生担当大臣らを続投させ、自身の周りを固めると同時に、自身の右翼イデオロギーに近い議員や、党内で求心力を保つために初入閣者を多数にしました。自民党総裁の３選を果し、憲法改正を含め、やりたいことを強行する布陣です。

また、安倍首相は、自民党総裁として役員人事も行いました。改憲に向け安倍総裁の右腕として下村博文元文科相を改憲推進本部長に、党の最高決定機関を束ねる総務会長に加藤勝信氏を、それぞれ就任させせました。

もっとも、安倍晋三首相は10月３日、自民党の高村正彦前副総裁と首相官邸で会談しました。党憲法改正推進本部の最高顧問に就く高村氏は、首相が目指す「改憲案提出」の真意に関して「臨時国会の（衆参両院）憲法審査会でたたき台４項目を説明する、ということでいいか」とただしたのに対し、首相は「そういうことだ」と答えたそうです。常設の最高意思決定機関である総務会の了承は得られておらず、先の総裁選で善戦した石破茂元幹事長らが慎重な議論を求めていることから、トーンダウンしたと報じられました（「改憲、自民４項目を説明へ＝臨時国会提出から後退─安倍首相」時事通信　２０１８年10月３日20時33分）。

しかし、同月16日、自民党憲法改正推進本部は、安倍晋三首相が意欲を示す憲法改正に向けた布陣を整えるために、党本部で会合を開き、衆議院憲法審査会の幹事の総入れ替えを内定しました。本部長の下村博文・元文部科学相が自ら幹事に就任し、野党との交渉を担う与党筆頭幹事に、首相に近い新藤義孝元総務相を充てました。これまで与党筆頭幹事として与野党協調路線を進めてきた中谷元・

元防衛相と、野党人脈が強い幹事だった船田元・元経済企画庁長官を外しました（「自民党、改憲シフトあらわ　憲法審査会の幹事総入れ替え」朝日新聞２０１８年10月17日12時34分）。

また、自民党憲法改正推進本部の会合では、「自衛隊の明記」など3月に決定した「4項目の条文イメージ案」について、すでに自民党内で了解が得られているとして、総務会の手続きを取らずに国会の憲法審査会に提示する方針を確認し、下村本部長は補正予算案の成立後、速やかに憲法審査会を開くよう野党側と調整する考えを示し、自民党の「4項目の条文イメージ案」を秋の臨時国会で示す方針を確認しました。記者団に、下村本部長は、「すでに自民党の憲法条文イメージ案も場外でいろんな意見が出ていますが、場外じゃなくて憲法審査会という場でご批判なり意見を出して頂くような場を設定して頂ければ」と述べました（「自民・憲法改正推進本部　新体制で初の幹部会合」テレビ朝日２０１８年10月19日9時40分）。

総務会での合意を得る手続きを回避したのは、自民党総裁選で「健闘」した石破氏らの反対意見が出ることを恐れたからでしょう。

第2部

安倍自民「4項目」条文イメージ（2018年）の建前と本音

第1章 参議院「合区」解消を口実にした改憲の本音

第1節　衆参の選挙制度と参議院選挙区選挙の一部「合区」

◆衆議院の選挙制度は比例代表制を付加した小選挙区制

主権者国民の代表機関である〝国会〟（第43条）は、衆議院と参議院で構成される二院制です（憲法第42条）。衆参いずれの国会議員も、主権者国民による選挙で選出されます。

戦後、衆議院議員を選出する選挙制度は、大選挙区制の一つである中選挙区制（原則として議員定数3～5）でスタートしましたが、１９９４年「政治改革」により、それまでの中選挙区制から小選挙区比例代表並立制へと「改革」されました。この制度においては、小選挙区制と、大選挙区制に属する比例代表制の両方が採用されています。

議員定数は中選挙区制時代、最高５１２であったときもありましたが、１９９４年「政治改革」で５００に減員され、その後４８０に、さらに４７５に減員され、現在は４６５です。

このうち、小選挙区選挙の議員定数は３００でスタートし、その後２９５に減員され、現在は２８９です。小選挙区選挙は、１票でも多く獲得した候補者が当選する単純小選挙区制です。

比例代表選挙の議員定数は、当初２００でしたが、その後１８０へと減員され、現在は１７６です（ただしブロック制なので、ブロックごとに議員定数あり）。したがって、現行の並立制は、議員定数の多い小選挙区選挙が中心の選挙制度ですから、「比例代表制を付加した小選挙区制」と呼んだ方が分かりやすいでしょう。

◆参議院の選挙制度は衆議院の選挙制度と類似

戦前の貴族院は戦後廃止され、議員が衆議院議員同様に主権者国民によって選出される参議院が採用されました。参議院議員を選出する選挙制度は、衆議院のそれと同じではありませんが、類似しており、選挙区選挙（１９８２年の法律改正前は地方区選挙）と比例代表選挙（同じく全国区選挙）で構成されています。

議員定数等については、２０１８年に「改革」されました（詳細は省略）が、その「改革」前の議員定数は、２４２（２０００年法律改正。それ以前は２５２）です。そのうち、法律上の議員定数は、選挙区選挙が１４６（以前は１５２）、比例代表選挙が96（以前は１００）です。したがって、議員定数の多い選挙区選挙が中心の選挙制度です。

参議院の選挙区選挙における議員定数は人口数に応じて決められているので、人口変動があると変更されてきました。

例えば、２０１２年11月には、選挙区の議員定数を「4増4減」する（神奈川県と大阪府で定数を6から8へ２ずつ増やし、福島、岐阜両県で定数を4から２へ２ずつ減らす）法律が成立しました。この法律改正前までは、定数1が29選挙区（29名選出）、定数２が12選挙区（24名選出）、定数３は5選挙区（15名選出）、定数5が1選挙区（5名選出）でした。つまり、事実上の１人区・２人区で73名のうち53名（72・6％）が選出されました（2010年参議院通常選挙）。

2012年11月の法律改正後は、定数1が31選挙区（31名選出）、定数2が10選挙区（20名選出）、定数3は3選挙区（9名選出）、定数4は2選挙区（8名選出）、定数5が1選挙区（5名選出）でした。つまり、事実上の1人区・2人区で73名のうち51名（69・9％）が選出されました（2013年参議院通常選挙）。

2015年7月には、北海道、東京、兵庫を2ずつ増やし、宮城、新潟、長野を2ずつ減らす「6増6減」に加え、愛知と福岡を2ずつ増やし鳥取と島根、徳島と高知を合区して2ずつ減らす「4増4減」という「10増10減」案が成立し、史上初の「合区」（鳥取県と島根県、徳島県と高知県）もおこなわれ、2016年参議院通常選挙は、それでおこなわれました。

その結果として、議員定数1が32選挙区（32名選出）、定数2が4選挙区（8名選出）、定数3は5選挙区（15名選出）、定数4が3選挙区（12名選出）。定数6が1選挙区（6名選出）となりました。

つまり、事実上の1人区・2人区で73名のうち40名（54・8％）が選出されることになりました（2016年参議院通常選挙）。事実上の1人区・2人区選出議員の占める割合は約7割から低下したものの、5割を超えています。

したがって、参議院議員を選出する選挙制度は、小選挙区選挙中心の衆議院議員のそれと、同じではないものの類似しているのです。

第2節　〝投票価値の不平等〟を「合憲」にする改憲

◆戦後の普通選挙の実現と〝投票価値の平等〟

大日本帝国憲法は、天皇主権の憲法でしたから、普通選挙も保障してはいませんでした。帝国議会は、貴族院と参議院の二院制で、貴族院議員は民選ではありませんでしたし、また、衆議院は民選でしたが、1925年に25歳以上の男性のみの普通選挙が採用されるまで、制限選挙でした。

「大正デモクラシー」の時期の1924年に市川房枝らが「婦人参政権獲得期成同盟」（1925年に「婦選獲得同盟」に改称）を結成し、「婦人（女性）参政権が平等で平和な社会を築く手がかり『鍵』である」という信念のもとに女性参政権運動を展開していましたが、実現しないまま日本は敗戦を迎えました。

日本は、1945年8月に、日本国民が民主主義を復活強化し、基本的人権の尊重を確立することなどを要求していた「ポツダム宣言」を受諾しました。そうすると、市川房江氏らは、「戦前から何かと女性関係の活動をしていた人々が、立場を超えて、連帯責任をとるべき」と唱え呼びかけ、「戦後対策婦人委員会」を結成し（1945年8月25日）、婦人参政権など5項目の要求を日本政府や帝国議会に提出しました（同年9月11日）。

衆議院議員選挙法が改正され女性の参政権が保障され、衆議院の選挙制度は、満20歳以上の男女平等の普通選挙となりました（1945年12月。なお、地方議会（1946年10月）、参議院（1947年2月）についても男女平等の普通選挙となり、これらの法律は1950年5月に公職選挙法に統合

日本国憲法	自民党「日本国憲法改正草案」2012年
第47条　選挙区、投票の方法その他両議院の議員の選挙に関する事項は、法律でこれを定める。	（選挙に関する事項） 第47条　選挙区、投票の方法その他両議院の議員の選挙に関する事項は、法律で定める。この場合においては、各選挙区は、人口を基本とし、行政区画、地勢等を総合的に勘案して定めなければならない。

されました）。

そして、日本国憲法は〝普通選挙〟による選挙権を保障しました（第15条第1項・第3項）。普通選挙においては〝一人一票原則〟が妥当することになりますから、〝平等選挙〟は当然の要請です。ですから、〝投票価値の平等〟も憲法の要請であり（第14条第1項、第44条）、国会は、投票価値の不平等（議員定数の不均衡）が生じないよう選挙制度を決定しなければなりませんし、複数の選挙区を設ける場合であっても、各選挙区の有権者（人口）に比例して各選挙区の議員定数を定める義務があります（憲法第47条）。憲法の要請に十分応える選挙制度は唯一、比例代表制ですが、自民党など保守政党は、その要請に反して、衆議院では小選挙区選挙を、参議院では選挙区選挙を、それぞれ採用しています。

自民党は、これまで、衆議院の小選挙区選挙についても参議院の選挙区選挙についても議員定数不均衡問題に対し〝不十分な改正〟にとどめ〝徹底した是正〟を行ってきたとはいえません。それでも、参議院の選挙区選挙における前述の「合区」が行われたのは、最高裁判所が違憲とは断言しないものの違憲状態と判示してきたため、投票価値の不均衡を不十分とはいえ是正するためでした。

◆憲法改正の目的は〝投票価値の平等〟（平等選挙）の不保障

これまで自民党は、〝投票価値の平等〟を保障せず不平等であっても、その不平等を「合憲」にするために憲法改正を目指してきました。例えば、自民党「日本国憲法改正草案」（２０１２年）は、新たに「各選挙区は、人口を基本とし、行政区画、地勢等を総合的に勘案して定めなければならない。」と定める条文を盛り込んでいます（第47条）。「人口を基本とし」ながらも、さらに「行政区画、地勢等」を勘案するとなると、〝投票価値の平等〟を保障することが後退するのは必至です。従来、選挙区を複数設置する場合、〝投票価値の平等〟を実現するために、「人口」に比例して各選挙区の議員定数を決定し、あるいは選挙区の画定を行ってきましたが、自民党は、そのことを基本としながらも、さらに「行政区画、地勢等」を勘案することを許容する憲法改正を目指しており、その改憲が実現すれば、人口に比例して決定する方式は貫徹されなくなりますので、当然、投票価値は不平等になり〝投票価値の平等〟が犠牲にされても「合憲」になるからです。

つまり、自民党「日本国憲法改正草案」（２０１２年）は、議員定数不均衡問題を放置し、あるいは、投票価値の不平等に対する徹底した是正をせず、〝投票価値の平等〟を保障しなくても違憲にはならないようにしようとしているのです。

◆自民党憲法改正推進本部「憲法改正に関する論点取りまとめ」

では、今の安倍自民党は、衆参の選挙制度につき「日本国憲法改正草案」（２０１２年）にある構想をそのまま採用しようとしているのでしょうか？

自民党憲法改正推進本部は、２０１７年12月20日に、「憲法改正に関する論点取りまとめ」を公表しました。そこでは、「憲法改正推進本部における議論の状況」の箇所において、「過疎と過密による人口偏在がもたらす選挙制度の変容」というテーマが「優先的検討項目」の一つとして議論されたと説明したうえで、「まさに今、国民に問うにふさわしいと判断されたテーマ」が４項目あり、その三つ目として「一票の較差と地域の民意反映が問われる『合区解消・地方公共団体』」を挙げました。

そして、「各テーマにおける議論の状況と方向性」の箇所の３番目において「合区解消・地方公共団体について」取り上げ、まず、「両議院議員の選挙について、一票の較差（人口比例）への対応により行政区画と選挙区のずれが一層拡大し、地方であれ都市部であれ今後地域住民の声が適切に反映されなくなる懸念がある。」と述べています。

このことを受けて、憲法第47条を改正し、「①両議院議員の選挙区及び定数配分は、人口を基本としながら、行政区画、地勢等を総合勘案する」こと、また、「②政治的・社会的に重要な意義を持つ都道府県をまたがる合区を解消し、都道府県を基本とする選挙制度を維持するため、参議院議員選挙においては、半数改選ごとに各広域地方公共団体（都道府県）から少なくとも一人が選出可能となるように規定する」方向で「おおむね意見は一致している」とまとめています。

これは、「日本国憲法改正草案」（２０１２年）と同じものになることを推測させます。

◆自民党憲法改正推進本部加憲案（２０１８年２月16日）

では、自民党の憲法改正推進本部は、参議院の「合区」解消をどのような形で実現する改憲条文案をまとめたのでしょうか？

同本部は今年2月16日午前の全体会合で、衆参両院の選挙に関する事項を法律で定めるとした現行の第47条を改め、参院議員について「広域の地方公共団体」を選挙区とする場合、「改選ごとに各選挙区で少なくとも一人を選挙すべきものとすることができる」と規定する加憲の条文案を初めて示しました。出席者から目立った異論はなく、内容を了承した上で、細田博之本部長に今後の対応を一任することを決めました。そして自民党憲法改正推進本部の幹部は、次期参議院通常選挙が来年（2019年）夏に迫っていることを受け、近く各党との協議を始め、早期の国会発議にこぎ着けたい考えを明らかにしました（「自民、『合区』解消条文案を了承　都道府県に1人以上」東京新聞2018年2月16日夕刊）。

条文案の第2文を確認すると、確かに、「参議院議員の全部又は一部の選挙について、広域の地方公共団体のそれぞれの区域を選挙区とする場合には、改選ごとに各選挙区において少なくとも一人を選挙すべきものとすることができる。」と明記されています。これによると、2016年の参議院通常選挙で初めて導入した、現在の参議院の「選挙区選挙」における「合区」（人口の少ない鳥取、島根両県と徳島、高知両県を、それぞれ一つの選挙区に統合）を解消することができることになります。

ですが、その結果、〝投票価値の平等〟は保障されず犠牲にされうることになります。現に、同本部の岡田直樹事務局長は、会合後、条文案に基づき都道府県の選挙区に配分される改選定数1について「人口比例（投票価値の平等）の要請の適用除外となる」と記者団に説明し、2019年夏の参議院通常選挙で「合区」を解消するため「憲法改正を急ぐのは当然だ」と強調したそうです。

それゆえ、与党の公明党ですら「『一票』は平等でなければならない」（北側一雄副代表）と慎重な姿

自民党憲法改正推進本部条文イメージ（たたき台素案）（2018年3月26日）
第47条　両議院の議員の選挙について、選挙区を設けるときは、人口を基本とし、行政区画、地域的な一体性、地勢等を総合的に勘案して、選挙区及び各選挙区において選挙すべき議員の数を定めるものとする。参議院議員の全部又は一部の選挙について、広域の地方公共団体のそれぞれの区域を選挙区とする場合には、改選ごとに各選挙区において少なくとも一人を選挙すべきものとすることができる。 2　前項に定めるもののほか、選挙区、投票の方法その他両議院の議員の選挙に関する事項は、法律でこれを定める。

勢を崩していないと報じられました（前記東京新聞記事）。

◆衆議院小選挙区選挙でも

実は、〝投票価値の平等〟を実現しない方向なのは、参議院の選挙区選挙に限られているわけではないのです。というのは、条文案の第1文には、「両議院の議員の選挙について、選挙区を設けるときは、人口を基本とし、行政区画、地域的な一体性、地勢等を総合的に勘案して、選挙区及び各選挙区において選挙すべき議員の数を定めるものとする。」と明記されており、これは、先に確認した自民党「日本国憲法改正草案」（２０１２年）と同じ発想の条文案であり、衆議院の小選挙区選挙でも〝投票価値の平等〟を保障せず犠牲にしても「合憲」化されうるからです。

◆自民党憲法改正推進本部条文イメージ（たたき台素案）（２０１８年３月26日）

18年3月26日の自民党憲法改正推進本部「憲法改正に関する議論の状況について」は、「合区解消・地方公共団体」について、「地方・都市部を問わず、選挙において『地域』が持つ意味に改めて目を向け、憲法において『地域の民意の適切な反映と投票価値の平等との調和』を図ることが必要である。特に、4県2合区の導入にまで至った参議院の在り方ということでは、政治的・社会的に重要な意義を持つ都道府県の住民の意思を集約的に反映することが重要であり、合区を解消し、都道府県単位の選挙制度を維持することができるよう、憲法改正による対応が不可避である」として、「憲法47条」を「次のような『条文イメージ（たたき台素案）』による改正をすることで（下線部分が改正部分）、合意が得られているところである」とまとめていました。

これは、批判されている前述の自民党憲法改正推進本部案（2018年2月16日）と全く同じ条文でした。それゆえ、自民党憲法改正推進本部は、〝投票価値の平等〟を犠牲にし、不平等のままでも「合憲」にするという改憲方針を変更してはいないのです。

第3節　自民党に有利に民意を歪曲する衆院小選挙区・参院選挙区選挙の温存

◆参議院選挙区選挙「合区」解消に改憲は不要

選挙制度において複数の選挙区を設ける場合、〝投票価値の平等〟を実現するために従来の選挙区を「合区」することとそれ自体は問題ではありません。

もっとも、参議院の選挙区選挙における2015年の「合区」は、全国のほとんどの県ではなく、4県（鳥取と島根県、徳島県と高知県）だけであり、「合区」されていない都道府県と比較すると不平等だと考えることも無理からぬことです。

しかし、この不平等な「合区」を解消するのに、憲法改正する必要はどこにもありません。解消する手段としては、4県につき少なくとも改選時に議員定数1になるよう選挙区選挙全体の議員定数を増やす方法（ただし後述する〝民意の正確・公正な反映〟という憲法の要請に応えていない）もありますし、また、憲法は参議院における国民代表を都道府県単位にすることを要請しているわけではないので、もっと広域のブロック制にする方法もありますし、あるいはまた、そもそも選挙区選挙を廃止して、昔の全国区選挙にする方法や、現在の総議員定数を維持して比例代表選挙だけにする方法もあるからです。

〝投票価値の平等〟は前述したように憲法の要請ですから、それを犠牲にして「合区」を解消する憲法改正は、違憲を「合憲」にするものであり、論外です。

前述した自民党憲法改正推進本部「憲法改正に関する議論の状況について」（2018年3月26日）は、「合区を解消し、都道府県単位の選挙制度を維持することができるよう、憲法改正による対応が不可避である」と述べていたように、自民党は、都道府県単位となってきた参議院選挙区選挙を憲法改正をしてでも維持したいのですが、実は、今の参議院選挙区選挙は、不当に自民党など大政党に有利なので、それを温存したいという党利党略が憲法改正の本音なのです。衆議院の小選挙区選挙も、この点は同じです。前者から説明しましょう。

◆参議院選挙区選挙による過剰代表と「市民と野党の共闘」の影響

例えば2013年参議院通常選挙での選挙区選挙において自民党は事実上の議員定数73のうち47名の当選者を出し、議席占有率は64・38％もありましたが、同党の候補者の得票を全国集計すると42・

7％でした。つまり、４割を少し超えた得票率で65％の議席占有率を獲得でき、明らかな過剰代表です。その結果として他党のほとんどは過少代表を強いられています。

この点は２０１６年参議院通常選挙でも基本的には同様ですが、いわゆる「市民と野党の共闘」もあって、違いもあります。

まず、自民党は36名の当選者を輩出し、議席占有率は49・32％もありましたが、得票率は39・94％でした。過剰代表であることに違いはありませんが、過剰の程度が少し抑制されています。また、民進党の当選者は21名、議席占有率は28・77％、得票率は25・14％。わずかに過剰代表されています。

これらの結果は、「市民と野党の共闘」のために日本共産党が候補者を擁立しなかったことが影響しています。

◆比例代表選を含めても過剰・過少代表

とはいえ、参議院の選挙区選挙は、過剰代表と過少代表を人工的につくりだしています。また、比例代表選挙の選挙結果を含めても過剰代表と過少代表が生まれていることも確認できます。２０１６年参議院通常選挙において自民党は事実上の議員定数１２１のうち55名の当選者を出し、議席占有率は45・45％でしたが、比例代表選挙の得票率は35・01％でしたので、これに基づき比例試算すると自民党の当選者は45名だったことになり、10名も過剰代表されている計算になります。

以上のような過剰代表と過少代表は、過去においても大なり小なり同様に生じていました。

◆衆議院小選挙区選挙による過剰代表

衆議院の小選挙区選挙は、各選挙区で一人しか当選者を出さないため、大政党であれば当選者を輩出できる可能性は高いのですが、中・小の政党だと他党の協力を得ない限り当選者を輩出できる可能性はほとんどありません。このことは、各政党の当選者の数を比較すれば、明白です。

例えば、自民党の政権復帰を許し、安倍政権を再度誕生させた２０１２年総選挙の小選挙区選挙において、自民党は２３７議席を獲得し、３００議席に占める割合（議席占有率）は79％にのぼりました。しかし、同党の候補者全員の得票数を全国集計して算出した得票率は43％でした。つまり、自民党は４割強の得票率で８割近い議席を獲得したのです。これは、実際の民意よりも過剰代表されていることを意味しています。

一方、同じく２０１２年総選挙の小選挙区選挙において、例えば日本共産党は7・9％の得票率を得ましたが、当選者はゼロで議席占有率は０％、民主党は22・８％の得票率だったのに議席占有率は９％にとどまり、自民党以外の政党のほとんどは実際の民意よりも過少代表されているのです。

以上のように第一党の過剰代表は、実は、小選挙区選挙が初めておこなわれた１９９６年総選挙でも同様に起こっており、小選挙区選挙での第一党だった自民党の議席占有率は56・３％で、得票率は38・６％でした。その後その率は高まっており、前述したように２０１２年総選挙では得票率43％の自民党の議席占有率は79％で、過去最悪の過剰代表でした。

以上のように小選挙区選挙は、民意を衆議院に正確・公正に反映していないどころか、民意を歪曲し、大政党の過剰代表を生み出すので、当然、中・小政党の過少代表も生み出しているのです。

◆二院制の意義を喪失させた小選挙区選挙

２００５年、２０１２年、２０１４年、２０１７年の衆議院総選挙でも「作られた多数派」「虚構の上げ底政権」が生まれました。

また、なんと二院制・参議院の存在意義を事実上喪失させるほどの結果が人工的につくられたのです。その最大の原因は、やはり民意を歪曲し大政党の過剰代表を生み出す小選挙区選挙でした。

例えば、自公両党が政権に復帰した２０１２年総選挙において総定数４８０のうち自民党は２９４議席を獲得し、議席占有率61・３％でしたが、比例代表選挙における得票率は27・６％でした。４８０の総定数が比例代表選挙の結果だけで各政党に議席配分されると仮定すると、自民党は１３３議席程度であったと試算されます。つまり、１６１議席程度も過剰代表だった計算になるのです。

総選挙後、自民党は公明党と連立政権を組み、安倍晋三政権を復活させました。両党の獲得議席は３２８議席。総定数４８０の「３分の２」は３２０ですから、参議院が法律案を否決しても衆議院で再可決をして法律案を成立させることができる絶対多数を獲得し、事実上参議院・二院制の存在意義を喪失させました。

しかし、両党の比例代表選挙における得票率の合計は、40％未満の39・４％でした。それなのに、議席占有率の合計は「３分の２」以上の67・８％でした。４８０議席を全て比例代表選挙の選挙結果で比例配分すると、両党の試算配分議席は１９０議席（自民党１３３議席、公明党57議席）。過半数に51議席も足りません。

つまり、自公両党は半数を下回る得票率だったのです。それなのに、小選挙区選挙による過剰代表は「虚構の3分の2政権」をつくりだし、参議院の存在意義、二院制の存在意義を事実上喪失させてしまっているのです。あまりにも異常です。

◆国民の信任を得ていない安倍自公政権・与党

このような異常な「特権」を第一党に人工的に与えることを利用するために、安倍内閣は2014年に「政治とカネ」問題で追い込まれながら衆議院を解散し、自公与党で「3分の2」を超える325議席を獲得しましたが、比例代表選挙の得票率で両党の議席を試算すると223議席でした。

この点は、議員定数が2014年総選挙時の475から10減員され465となった2017年衆議院総選挙でも同様で、安倍内閣は、政権を維持するために衆議院を解散しました。与党の自民党と公明党の当選者数（投票当日の追加公認を含まない獲得議席数）合計は、ちょうど「3分の2」の310（281と29）で、議席占有率の合計は66・6％（60・4％と6・2％）もありますが、両党の比例代表選挙での得票率の合計は50％を下回る45・78％（33・28％と12・51％）にとどまり、同得票率で比例配分すると213議席（155と58）になります。つまり、自公与党は97議席も過剰代表されている計算になります。

このように2017年衆議院総選挙でも自公与党は半数の得票率を得ていないにもかかわらず、過半数を獲得するだけではなく、「3分の2」の議席を獲得したわけですが、このような過剰代表による「つくられた与党」を生み出した最大の原因は、民意を歪曲する小選挙区効果に基づくものでした。

自民党は小選挙区選挙で289の議員定数のうち215議席を獲得し、議席占有率は74・4％もありましたが、同党の得票率は投票行動が大政党の候補者に誘導されるとはいえ全国集計しても50％を超えておらず47・8％でした。公明党の当選者8名を加えると223議席で、議席占有率は77・2％もありましたが、同党の得票率1・5％を加えても49・3％でした。つまり、得票率は連立与党の合計でも50％を下回っていたのに、小選挙区選挙の当選者は4人に3人が自公両党でした。

要するに、2017年衆議院総選挙における自公両党の合計得票率は、比例代表選挙（45・8％）だけではなく、小選挙区選挙（49・3％）でも、過半数の得票率を得ていなかったのですから、安倍政権与党は主権者国民に信任されてはいなかったのです。にもかかわらず、不当な過剰代表を生み出す小選挙区効果のお陰で「3分の2」の議席を獲得し続けているのです（衆議院小選挙区選挙と参議院選挙区選挙の問題点については、上脇博之『ここまできた小選挙区制の弊害』あけび書房・2018年を参照）。

◆党利党略と違憲の選挙制度の「合憲」化

以上のように、現在の衆議院小選挙区選挙も参議院選挙区選挙も、不当に自民党など大政党に有利な選挙制度です。この選挙制度を温存したいという党利党略が改憲のもう一つの本音なのです。

また、現在の衆議院小選挙区選挙も参議院選挙区選挙も、衆参各院を〝国民の縮図〟にするという憲法の要請に応えず、民意を歪曲しているので憲法違反なのです（この点も、前掲・上脇『ここまできた小選挙区制の弊害』を参照）。

自民党の改憲では、投票価値の不平等を「合憲」化することに加え、必ず衆議院小選挙区選挙も参議院選挙区選挙を採用すべきとは明記してはいないものの、あえて「選挙区を設けるとき」を明記しているので、それを大げさに強調して、憲法違反の両選挙制度を「合憲」化することも目指されているのではないでしょうか。

第４節　道州制も「合憲」になってしまう！

◆日本国憲法のもとでの地方公共団体

自民党は、前述した選挙制度を定める第47条だけではなく、地方自治について定めている第92条も憲法改正しようとしていますので、地方自治について解説しておきましょう。

天皇主権だった大日本帝国憲法のもとでは、地方制度は中央政府の意向を国の隅々まで実現する手段にすぎませんでしたので、地方については独自の自治（地方自治）が保障されてはいませんでした。

一方、国民主権の日本国憲法は、新しく地方自治を採用しました（憲法第８章）。地方自治体については、「地方自治の本旨」に基づき法律で定めるとし（憲法第92条）、住民自治と団体自治が保障され、住民の代表機関として議会を設定することができ、各地方自治体の長（都道府県知事、市町村長）および議会の議員は、各住民による直接選挙で選任されることになり（憲法第93条第１項・第２項）、条例を制定する権限を認められました（憲法第94条）。

地方自治法は、「地方公共団体は、普通地方公共団体及び特別地方公共団体とする。」と定め（第１条の３第１項）、「普通地方公共団体は、都道府県及び市町村とする。」（同条第２項）と定めています（な

自民党憲法改正推進本部案（2018年2月16日）
自民党憲法改正推進本部条文イメージ（たたき台素案） 2018年3月26日

第47条第92条　地方公共団体は、基礎的な地方公共団体及びこれを包括する広域の地方公共団体とすることを基本とし、その種類並びに組織及び運営に関する事項は、地方自治の本旨に基づいて、法律でこれを定める。

お、特別地方公共団体は、特別区、地方公共団体の組合、財産区及び地方開発事業団とする。）と定めています（同条第3項）。

◆「広域の地方公共団体」＝都道府県か？

ところで、すでに参議院選挙区選挙で「合区」を解消することを口実にして自民党が憲法第47条に「広域の地方公共団体」という表現を盛り込む条文案を作成していることを紹介しました。

これについて、「広域の地方公共団体」が「都道府県」を指すと明確化するため、地方自治の基本原則を定めた第92条へ新たに定義を盛り込んだとも報道されました（「自民、『合区』解消条文案を了承　都道府県に1人以上」東京新聞2018年2月16日夕刊）。

確かに、今年2月16日の自民党憲法改正推進本部案では、第92条に「地方公共団体は、基礎的な地方公共団体及びこれを包括する広域の地方公共団体とすることを基本とし……」と明記されています。

また、今年3月26日の自民党憲法改正推進本部「憲法改正に関する議論の状況について」は、「合区解消・地方公共団体」について、「選挙区の基盤となる基礎的な地方公共団体（市町村）と広域の地方公共団体（都道府県）について、現代における分権型社会の在り方も念頭に置きつつ、憲法に明記し、市町村と

自民党「日本国憲法改正草案」(2012年)
(地方自治の本旨) 第92条　地方自治は、住民の参画を基本とし、住民に身近な行政を自主的、自立的かつ総合的に実施することを旨として行う。 2 住民は、その属する地方自治体の役務の提供を等しく受ける権利を有し、その負担を公平に分担する義務を負う。
(地方自治体の種類、国及び地方自治体の協力等) 第93条　地方自治体は、基礎地方自治体及びこれを包括する**広域地方自治体**とすることを基本とし、その種類は、法律で定める。 2　地方自治体の組織及び運営に関する基本的事項は、地方自治の本旨に基づいて、法律で定める。 3 国及び地方自治体は、法律の定める役割分担を踏まえ、協力しなければならない。地方自治体は、相互に協力しなければならない。

都道府県の基盤の安定化や地方自治の強化を図っていくことも必要である」として、「憲法…92条を次のような『条文イメージ（たたき台素案）』により改正することで（下線部分が改正部分）、合意が得られているところである」とまとめていました。

◆「道州制」も可能

この条項は、実は、自民党「日本国憲法改正草案」（2012年）にもあり、「広域地方自治体」という同様の文言が「新第93条」として盛り込まれていました。

これについて自民党「日本国憲法改正草案Q＆A」（2012年）は「道州制については、今回の憲法改正草案には直接盛り込みませんでした」が「道州はこの草案の広域地方自治体に当たり、この草案のままでも、憲法改正によらずに立法措置により道州制の導入は可能であると考えています」と説明しています。前述したように今の安倍自民党も「分権型社会」

を目指している旨説明していますから、改憲成立後は道州制に移行する可能性が高いのではないでしょうか。

道州制では、都道府県は廃止され、道州になります。もしも一気に道州制にならず都道府県が残る場合があるとしても、それは過渡的な場合であり、将来は都道府県が完全に廃止され、道州に改変されることでしょう。そうなると、「広域の地方公共団体」は「道州」であり、「都道府県」でなくなります。つまり、自民党憲法改正推進本部案でも、「広域の地方公共団体」が「都道府県」に確定されるとは限らないのです。しかし、そのような説明がおこなわれているでしょうか？

◆住民自治・団体自治の軽視へ

「道州制」の問題点についても指摘しておきましょう。

住民自治は広域でない方が機能しやすいので、広域地方自治体になると、地方自治の本旨の一つである住民自治は後退することでしょう。また、沖縄県は、普天間基地問題を理由に名護市辺野古に新基地を建設することに反対してきたにもかかわらず、安倍自民党政権は、その反対の意向を無視して基地建設を強行しています。このことが示しているように、自民党の改憲が実現されれば、地方自治の本旨のもう一つである団体自治をも沖縄県から奪うことになるでしょう。もちろん、これは、沖縄県だけではなく、他の都道府県の団体自治を奪うことにもなります。

第2章 「自衛隊違憲」論を口実にした改憲の本音

第1節　自民党憲法改正推進部の議論状況

◆「憲法改正に関する論点取りまとめ」(２０１７年12月20日)

自民党憲法改正推進本部は、２０１７年12月20日の「憲法改正に関する論点取りまとめ」において、「自衛隊について」憲法改正の方向性として次の二通りが述べられた、と記しています。

「①『9条1項・2項を維持した上で、自衛隊を憲法に明記するにとどめるべき』との意見」

「②『9条2項を削除し、自衛隊の目的・性格をより明確化する改正を行うべき』との意見」

なお、①及び②に共通する問題意識として、「シビリアンコントロール」も憲法に明記すべきとの意見が述べられた、と付記していました。

◆憲法第9条の7つの加憲条文案

自民党憲法改正推進本部は、18年3月15日に七つの条文案を提示しました。条文案は、戦力不保持・交戦権否認を定めた憲法第9条第2項の「削除」案と同条項の「維持」案の2案に大別されます。

憲法第9条第2項を維持した案には、自衛隊を明記する案①～③、「自衛権」を明記するとする案④⑤があります。①～③の案はいずれも、自衛隊の任務を「我が国の平和と独立を守り、国及び国民の

			条　文　案
【2項維持】	「自衛隊」明記	①	第9条の2　我が国の平和と独立を守り、国及び国民の安全を保つための必要最小限度の実力組織として、法律の定めるところにより、内閣の首長たる内閣総理大臣を最高の指揮監督者とする自衛隊を保持する。 第2項　自衛隊の行動は、法律の定めるところにより、国会の承認その他の統制に服する。
		②	第9条の2　前条の範囲内で、我が国の平和と独立を守り、国及び国民の安全を保つため、法律の定めるところにより、行政各部の一として、自衛隊を保持する。 第2項　自衛隊の行動は、法律の定めるところにより、国会の承認その他の統制に服する。
		③	第9条の2　前条の規定は、我が国の平和と独立を守り、国及び国民の安全を保つため、法律の定めるところにより、内閣の首長たる内閣総理大臣を最高の指揮監督者とする自衛隊を保持することを妨げない。 第2項　自衛隊の行動は、法律の定めるところにより、国会の承認その他の統制に服する。
	「自衛隊」明記	④	第9条の第3項　前二項の規定は、自衛隊の発動を妨げない。
		⑤	第9条の第3項　前二項の規定は、国の自衛権の行使を妨げず、そのための実力組織を保持することができる。
【2項削除】		⑥自民党改憲草案	第9条第2項　前項の規定は、自衛権の発動を妨げるものではない。 第9条の2　我が国の平和と独立並びに国及び国民の安全を確保するため、内閣総理大臣を最高指揮官とする国防軍を保持する。 第2項　国防軍は、前項の規定による任務を遂行する際は、法律の定めるところにより、国会の承認その他の統制に服する。
		⑦石破茂案	第9条　日本国民は、正義と秩序を基調とする国際平和を誠実に希求し、侵略の手段としての武力による威嚇及び武力の行使を永久に放棄することを、厳粛に宣言する。 第2項　我が国の独立と平和及び国民の安全と自由並びに国際社会の平和と安全を確保するため、陸海空自衛隊を保持する。 第9条の2　自衛隊は、法律の定めるところにより、その予算、編成、行動等において国会の統制に服する。 第2項　自衛隊の最高指揮官は、内閣総理大臣とする。

出典：「自民9条改憲　七つの条文案　すべて2項空文化」しんぶん赤旗2018年3月22日

安全を保つため」と位置付けていますが、いずれも、憲法に書き込まれる「自衛隊」の権限について何の制限も明記していません。①には、「必要最小限度の実力組織」という文言がありますが、②③には、その文言はありません。

憲法第9条第2項を削除する2案は、「国防軍」を保有する2012年の自民党改憲案⑥と、自衛隊の保持を明記する石破茂元幹事長らの案⑦です。両案いずれも全面的な武力行使の解禁です。

安倍晋三首相が提案する「9条1、2項を残して自衛隊を憲法に明記する」という案が主軸のようです（「自民9条改憲　七つの条文案　すべて2項空文化」しんぶん赤旗2018年3月22日）。

◆自民党憲法改正推進本部の執行部が有力と考える案（2018年3月22日）

自民党憲法改正推進本部は、その1週間後の同月22日の全体会合で、2項維持・自衛隊明記の二つの修正案を提示しました。前回示された2項維持案では、自衛隊を「必要最小限度の実力組織」と定義していましたが、修正案ではその定義が削除されていました。2項削除論を展開する石破茂・元幹事長らから意見集約に反対する意見も出ましたが、安倍晋三首相の憲法第9条に対する加憲論に沿って、戦力不保持を定める同条第2項を維持し、新たに「第9条の2」を設け、「必要な自衛の措置をとることを妨げず、そのための実力組織」と位置づけて自衛隊を明記する案を支持する意見が多数を占め、細田氏が一任で押し切りました。

執行部の説明によると、修正前の2項維持案と二つの修正案のうち、どれを選ぶかに対応が一任されました。細田氏は会合後、記者団に「必要な自衛の措置をとることを妨げず」とした修正案を採用す

日本国憲法と自民党憲法改正推進本部の執行部が有力と考える案（2018年3月22日）	
日本国憲法	第9条　日本国民は、正義と秩序を基調とする国際平和を誠実に希求し、国権の発動たる戦争と、武力による威嚇又は武力の行使は、国際紛争を解決する手段としては、永久にこれを放棄する。 2　前項の目的を達するため、陸海空軍その他の戦力は、これを保持しない。国の交戦権は、これを認めない。
自民党憲法改正推進本部の執行部が有力と考える案	9条の2　前条の規定は、我が国の平和と独立を守り、国及び国民の安全を保つために必要な自衛の措置をとることを妨げず、そのための実力組織として、法律の定めるところにより、内閣の首長たる内閣総理大臣を最高の指揮監督者とする自衛隊を保持する。 2　自衛隊の行動は、法律の定めるところにより、国会の承認その他の統制に服する。

る意向を表明しました

ただし、今後の対応一任を受けた細田博之本部長は、同月25日の党大会での第9条の条文案提示は見送り、党大会以降、最終的な条文案を作成することになりました（「自民の9条改憲、首相案で決着　2項維持し自衛隊を明記」朝日新聞２０１８年3月22日21時05分）。

◆「憲法改正に関する議論の状況について」（２０１８年3月26日）

自民党憲法改正推進本部「憲法改正に関する議論の状況について」（２０１８年3月26日）は、「自衛隊」について、「憲法改正により自衛隊を憲法に位置付け、『自衛隊違憲論』は解消すべきである。」として、「自衛隊を憲法に位置付けるに当たっては、現行の9条1項・2項及びその解釈を維持した上で、『自衛隊』を明記するとともに、『自衛の措置（自衛権）』について言及すべきとの観点から、次のような『条文イメージ（たたき台素案）』を基本とすべきとの意見が大勢を占めた。」とまとめて

自民党憲法改正推進本部条文イメージ（たたき台素案）2018年3月26日
第9条の2　前条の規定は、わが国の平和と独立を守り、国及び国民の安全を保つために必要な自衛の措置をとることを妨げず、そのための実力組織として、法律の定めるところにより、内閣の首長たる内閣総理大臣を最高の指揮監督者とする自衛隊を保持する。 ②自衛隊の行動は、法律の定めるところにより、国会の承認その他の統制に服する。 （※第9条全体を維持したうえで、その次に追加）

いました。

なお、「条文イメージ（たたき台素案）」に対しては、「①端的に『自衛権の発動』について言及すべきとの意見」、「②『必要な措置をとることを目的として』などのより簡潔な表現を工夫すべきとの意見」のほか、「③そもそも、これまでの政府解釈のようなキーワードである『必要最小限度の実力組織』の表現を盛り込むべきとの意見」もあった、と付記していました。

第2節　「条文イメージ（たたき台素案）」の「第9条の2」の本質

◆改憲前と全く同じなら改憲の必要はない

2017年6月12日、自民党の保岡興治憲法改正推進本部長は、憲法9条に自衛隊を明記する憲法改正に関し「政府解釈を1ミリも動かさないで自衛隊を明確に位置付ける方向性で進めていく」、「公明党の（9条への）重要な認識もある。解釈を動かさない前提で自衛隊を合憲化して明記する」と述べ、現在の政府解釈の枠内で党の改正案作りを進める考えを示していました（「自民 保岡氏、9条改憲で『政府解釈1ミリも動かさず』」毎日新聞2017年6月12日 20時25分。最終更新21時34分）。

自民党憲法改正推進本部「憲法改正に関する議論の状況について」（2018年3月26日）における前述の「自民党憲法改正推進本部条文イメージ（たたき台素案）」の「第9条の2」は、その発言通りであり、その加憲をしても、今の日本国憲法第9条と同じなのでしょうか？

しかし、そうであれば、憲法改正（加憲）する必要はありません。自民党総裁選挙に立候補した石破茂元幹事長は、「(安倍晋三首相が掲げる2項を維持した上での憲法9条への自衛隊明記案を念頭に)何も変わらないという憲法改正をしてどうするのか。」と発言していました（「石破氏『何も変わらない憲法改正をしてどうするのか』」朝日新聞2018年8月11日18時19分）。

◆違憲かどうかの憲法判断の対象は自衛隊法等の法令

前述の「憲法第9条の2」の加憲が成立しても、戦力の不保持の定め（第9条第2項）は残っていますので、たとえ日本国憲法に「自衛隊」を明記しても、憲法研究者は、自衛隊法等の法令の内容が憲法第9条（および第9条の2）に違反するかどうかを検討し、違憲であると解釈することは十分可能です。

その場合、議論になるのは、「わが国の平和と独立を守り、国及び国民の安全を保つために必要な自衛の措置をとること」とは何を意味するのか、また、「そのための実力組織として」の「自衛隊」と憲法第9条第2項の「戦力」とはどう違うのか、ということです。

従来、自民党政権は、自衛隊を違憲ではないと説明するために、「自衛力」は「戦力」と異なり、個別的自衛権の行使は集団的自衛権の行使と異なると説明し、前者は違憲ではないが、後者は違憲であると解釈し、「専守防衛」の立場を表明してきました。それゆえ、「他国を衛る権利である集団的自衛権の行使を許容する法令は、前述の「憲法第9条の2」加憲後であっても、違憲であると十分解釈できるのです。

しかし、安倍政権・自公与党は、そうは解釈しないでしょう。安倍政権・自公与党は、少なくとも、集団的自衛権（他衛権）行使（の一部）を事実上認容している「更なる解釈改憲」（2014年閣議決定）・「立法改憲」（2015年安保関連法＝戦争法制定）を「合憲」と言い張り続けるだけではなく、加憲によってますます違憲ではなくなったと強弁することでしょう。ですから、単に自衛隊の存在を認めることにはならないのです。今の自衛隊の法制度を「合憲」にすることが目指されているからです。つまり、「憲法第9条の2」加憲の政治的意図としては、自衛権行使による自衛戦争の「合憲」化だけではなく、「立法改憲」による集団的自衛権（＝他衛権）行使による他衛戦争の「合憲」化、戦争法の「合憲」化も目論まれているのです。

◆「自衛権」も明記されているに等しい!?

前述したように、自民党憲法改正推進本部「憲法改正に関する議論の状況について」（2018年3月26日）の「自民党憲法改正推進本部条文イメージ（たたき台素案）」の「第9条の2」は、「わが国の平和と独立を守り、国及び国民の安全を保つために必要な自衛の措置をとることを妨げず」等と明記していましたが、「『自衛隊』を明記するとともに、『自衛の措置（自衛権）』について言及すべきとの観点から、…『条文イメージ（たたき台素案）』を基本とすべきとの意見が大勢を占めた。」と述べられ

自民党「日本国憲法改正草案」（2012年）
第2章　安全保障 （平和主義） 第9条　日本国民は、正義と秩序を基調とする国際平和を誠実に希求し、国権の発動としての戦争を放棄し、武力による威嚇及び武力の行使は、国際紛争を解決する手段としては用いない。 2　前項の規定は、自衛権の発動を妨げるものではない。

ていました。

この説明によると、条文にある「自衛の措置」は「自衛権」を含意していることになります。そうなると、「第９条の２」加憲成立後、安倍政権・自民党は、その加憲により「自衛権」が明記されたことになると強弁することでしょう。

そこで、注目すべきなのは、憲法第９条第２項の戦力の不保持を削除し、同条項に「自衛権の発動」を明記した自民党「日本国憲法改正草案」の解説です。自民党「日本国憲法改正草案Ｑ＆Ａ」（２０１２年）は、次のように解説していたことです。

「今回、新たな９条２項として、『自衛権』の規定を追加していますが、これは、従来の政府解釈によっても認められている、主権国家の自然権（当然持っている権利）としての『自衛権』を明示的に規定したものです。この『自衛権』には、国連憲章が認めている個別的自衛権や集団的自衛権が含まれていることは、言うまでもありません。／また、現在、政府は、集団的自衛権について『保持していても行使できない』という解釈をとっていますが、『行使できない』とすることの根拠は『９条１項・２項の全体』の解釈によるものとされています。このため、その重要な一方の規定である現行２項（『戦力の不保持』等を定めた規定）を削除した上で、新２項で、改めて『前項の規定は、自衛権の発動を妨げるものではない』と規定し、自衛権の行使には、何らの制約もないように規定しました。」（Q8の答）

この解説によると、自衛権には集団的自衛権も含まれてしまいます。戦力の不保持を削除しておらず「自衛権」についても明示していない「憲法第9条の2」においても、「自衛権」が明記されたに等しいと強弁されてしまうと、「日本国憲法改正草案Q＆A」の解説が「憲法第9条の2」にも妥当するとして、集団的自衛権の行使も憲法上無制約に許容されていると説明されかねません。

◆自衛権は「自然権」ではないのに

また、その解説にもあったように「自衛権」が「自然権」であるとの主張が再び登場するかもしれません。9条改憲を主張する論者の中には、集団的自衛権が「自然権」であるから、どのような国家も集団的自衛権を保持しており、かつ、保持している以上国家として当然行使もできると主張する者がおります（佐瀬昌盛『集団的自衛権』PHP新書・2001年22頁以下）。

安倍首相も、同様の立場で、次のように述べています。

「国連憲章51条には、『国連加盟国には個別的かつ集団的自衛権がある』ことが明記されている。集団的自衛権は、個別的自衛権と同じく、世界では国家がもつ自然の権利だと理解されているからだ。……日本も自然権としての集団的自衛権を有していると考えるのは当然であろう。権利を有していれば行使できると考える国際社会の通年のなかで、権利はあるが行使できない、とする論理が、はたしていつまで通用するのだろうか。」（安倍晋三『美しい国へ』文春新書・2006年132頁）

しかし、これはとんでもない主張です。

そもそも自然権とは、〝人が生まれながらにして有する権利〟であり、個人が享有する権利です。国家はその「自然権」を保障する側です。したがって、国家が「自然権」を有するはずがありません（水島朝穂『ライブ講義　徹底分析！集団的自衛権』岩波書店・２０１５年61～67頁）。

また、国連憲章（国際連合憲章）は、「個別的又は集団的自衛の固有の権利」と明記していますが、「集団的自衛権は、アメリカが『合法的』に軍事行動をとるための免罪符としてつくりだされたもの」であり、「国際政治のつごうによって」誕生した概念なのです（浅井基文『集団的実施権と日本国憲法』集英社新書・２００２年１０９頁）。

ですから、集団的自衛権は、国際連合憲章制定前にはなく、同憲章で初めて創設されたものなのです。国連憲章が各国の個別的自衛権や集団的自衛権の行使を許容しているのは、「安全保障理事会が国際の平和及び安全の維持に必要な措置をとるまでの間」だけであり、安全保障理事会が当該「措置」をとれば、集団的自衛権だけではなく個別的自衛権の行使も禁止されるのです（第51条）。もし集団的自衛権が本当に国際社会で「自然権」であると理解されているのであれば、集団的自衛権の行使をこのように限定しないでしょう。本来「自然権」ではないから、そのその行使を限定し、例外扱いにしていると解すべきです。

◆集団的自衛権の行使は法的・政治的義務になる

２０１４年7月1日、当時の第二次安倍政権は、集団的自衛権行使を「合憲」に変更する「解釈改憲」

を強行しました。そして政府は、「集団的自衛権などに関する想定問答」の「問4　要件が曖昧。武力行使に「歯止め」がないのではないか。戦争に巻き込まれるのではないか」という問に対し、「集団的自衛権の行使は『権利』であり『義務』ではない。備えであり、実際に行使するか否かは政策の選択肢。時の内閣が、あらゆる選択肢を比較しつつ、国民の命と平和な暮らしを守り抜く観点から主体的に判断。」と回答しています。

しかし、この説明は明らかに間違いです。集団的自衛権の行使を認めることは、共同防衛・相互防衛を念頭に置いていますし、集団的自衛権とその行使を条約で定めれば、条約締結国の間では、その行使は国際法上義務になります。ですから、アメリカが日米安保条約の明記する集団的自衛権（他衛権）の行使を日本に要求すれば、その行使は「権利」から「義務」に転化されることになります（山形英郎「国際法から見た集団的自衛権行使容認の問題点」別冊法学セミナー『集団的自衛権容認を批判する』日本評論社・２０１４年53頁）。

同年４月21日、米国家安全保障会議（ＮＳＣ）のメデイロス・アジア上級部長は「日本による集団的自衛権の法的根拠見直しを支持する」と述べ、日本の集団的自衛権容認が「日米同盟の相互運用性を高める」とし、同席したローズ大統領副補佐官は、日米安全保障条約に基づき、「米国が日本を防衛する義務を順守することに、何の疑いもない」と強調しました（「集団的自衛権「見直しを支持」米政府　日本防衛義務も重ねて強調」産経新聞２０１４年４月22日９時３分）。

また、同条約の枠を超える場合においても、対米従属してきた自民党政権では、政治的には義務になることでしょう。日本はこれまで、アメリカの戦争を批判し、反対したことはなく、むしろアメリカの戦争を支援してきましたし、この度の安倍政権の閣議決定と安保関連法の整備は、アメリカの要求に基づくものだからです。

それゆえ、当然、日本が集団的自衛権を行使することも法的義務または政治的義務になるとアメリカも認識していることでしょう。

◆自衛隊基地建設のために公用収用も「合憲」に！

日本国憲法は、基本的人権を制限する原理として「公共の福祉」（憲法第12条・第13条・第22条・第29条）を明記していますが、現行第9条では「自衛隊」の明記はなされていませんので、現行の土地収用法には、民間の私有地を自衛隊の基地建設のために収用（公用収用）できる規定はありません。

しかし、日本国憲法に「自衛隊」が明記されれば、「自衛隊」に公共性が付与されてしまいます。自衛隊の基地のための私有地の公用収用も「合憲」になってしまう可能性があります。もちろん、集団的自衛権を行使するための自衛隊基地建設であれば、違憲であるとの解釈は十分成立しますが、安倍自民党政権は、「憲法第9条の2」における「自衛隊」の明記を根拠に「合憲」と強弁することでしょう。

◆在外日本人も「国民」

「自民党憲法改正推進本部条文イメージ（たたき台素案）」の「第9条の2」における「国及び国民の安全を保つために必要な自衛の措置」の中の「国民」について安倍自民党は、日本国内にいる「国民」に限定しないと説明するかもしれません。自民党は「国民」を日本国籍保有者としていますが、日本国籍保有者のなかには海外に在住する者もいます（在外日本人）ので、公職選挙法では、在外国民（在外日本人）にも選挙権（投票権）の行使を保障しているからです（第4章の2「在外選挙人名簿」）。となると、「在外国民（在外日本人）の安全を保つために必要な自衛の措置」（個別的自衛権および集団的自衛権）を行使することも「合憲」になると強弁しそうです。

◆内閣総理大臣のまるで「統帥権」！

内閣の意思決定は、いわゆる閣議で行われますので、日本国憲法が内閣総理大臣独自の権限と明記したもの以外、内閣総理大臣が単独で行えるものはありません。現行の自衛隊法は、「内閣総理大臣は、内閣を代表して自衛隊の最高の指揮監督権を有する」と定めています（第7条）が、ここでは、「内閣総理大臣は、……自衛隊の最高の指揮監督権を有する」としているものの、「内閣を代表して」とあるので、基本的には、閣議決定に基づく必要があります。自衛隊の行動は、行政権の行使に基づいているからです。

ところが、「憲法第9条の2」は、「内閣の首長たる内閣総理大臣を最高の指揮監督者とする自衛隊」と明記していますので、自衛隊についての「指揮監督権」は、「内閣」の章に明記されているわけでもないので、行政権の行使ではなく、内閣総理大臣の独自の権限とみなされる可能性があります。その場合、「自衛隊の行動は、法律の定めるところにより、国会の承認その他の統制に服する。」と定められるとはいえ、大日本帝国憲法における天皇の統帥大権（第11条）と類似したものになるおそれがあります。つまり、この点でも憲法改正前の現在と憲法改正後とは明らかに違うのです。

第3節　「第9条の2」加憲は「戦争できる国」づくりの追認・推進

◆「敵基地攻撃能力」の保持

安倍自民党政権が、そもそも自衛権行使ではない他衛権（集団的自衛権）行使を許容した結果、それが個別的自衛権の拡大行使になる恐れが出ています。安倍自民党政権は、個別的自衛権の行使においても、「専守防衛」の枠を超えようとしているからです。

その第一が「敵基地攻撃能力」の保持です。これは、「日本が外国から武力攻撃を受けた後に、その外国の軍事基地を攻撃する能力」ではなく、「日本が外国から武力攻撃を受ける前に、その外国の軍事基地を攻撃する能力」を保持するというものです。

防衛省（防衛力の在り方検討のための委員会「防衛力の在り方検討に関する中間報告」２０１３年7月26日）は、「防衛力の在り方」における「自衛隊の体制整備に当たって重視すべき方向性」における「各種事態への実効的な対応」の一つとして、「北朝鮮による弾道ミサイルの能力向上を踏まえ、我が国の弾道ミサイル対処態勢の総合的な向上による抑止・対処能力の強化について改めて検討し、弾道ミサイル攻撃への総合的な対処能力を充実させる必要がある。」と強調しました。

これについて防衛省幹部は「敵のミサイル発射基地をたたくことも含まれる」と検討対象に挙げ、「敵基地攻撃能力」の保有を検討することを示しました（「防衛大綱　：　敵基地攻撃能力を検討　見直し中間報告」毎日新聞２０１３年7月26日12時10分）。

また、その1カ月余り前に策定された、自民党「新『防衛計画の大綱』策定に係る提言（『防衛を取り戻す』)」(2013年6月4日)は、「わが国を取り巻く安全保障環境」のうちの「わが国周辺の情勢」につき「わが国周辺においても、重大な不安定要因が継続している。/北朝鮮は、権力継承後においても、引き続き弾道ミサイルや核兵器の開発に全力を挙げ、軍事・外交上の様々な挑発行為を継続するなど、地域における最大の不安定要因となっている。」との認識を示した上で、「具体的な提言」には「日米安全保障体制」における「日米の適切な役割分担の下での策源地攻撃能力の保有」も明記され、「とりわけ『ミサイルの脅威』に対する抑止力を強化する観点から、わが国独自の打撃力(策源地攻撃能力)の保持について検討を開始し、速やかに結論を得る。」と提言していました。

ここでいう「策源地攻撃能力」とは「敵基地攻撃能力」のことです(「自民、防衛大綱へ提言決定 敵基地攻撃能力の保持検討を」日経新聞13年5月30日10時24分)。

この「敵基地攻撃能力」の保持は、日米安保体制の枠内のものだけではなく、それをも超えた構想であり、前述の「具体的な提言」には「国民の生命・財産、領土・領海・領空を断固として守り抜く態勢の強化」も明記され「核・弾道ミサイル攻撃への対応能力の強化」をあげ「同盟国による『拡大抑止』の信頼性を一層強固にする観点から、従前から法理上は可能とされてきた自衛隊による『策源地攻撃能力』の保持について、周辺国の核兵器・弾道ミサイル等の開発・配備状況も踏まえつつ、検討を開始し、速やかに結論を得る。」と書かれています。

2017年1月26日、安倍首相は、ミサイル攻撃を受ける前に敵国の基地などを攻撃する「敵基地攻撃能力」について検討する考えを示しました。これに対し稲田朋美防衛大臣は、「敵基地攻撃を目的とした装備体系は保有をしておらず現時点でそういった計画はありません。しかしながら、今、我が国を取り巻く安全保障環境というのは厳しさを増しているわけであって、その状況に合わせて万全の態勢を取っていくことは当然のことであろうというふうに思っております」と述べました（「稲田防衛相、敵基地攻撃能力『状況に合わせ態勢を』」ＴＢＳ２０１７年1月27日13時19分）。

◆自衛隊の「海兵隊的機能」

第二は自衛隊に「海兵隊的機能」をもたせることです。

自民党「新『防衛計画の大綱』策定に係る提言（『防衛を取り戻す』）」は、「国民の生命・財産、領土・領海・領空を断固として守り抜く態勢の強化」の一つとして「島嶼（とうしょ）防衛の強化」をあげ、「島嶼防衛に不可欠な海空優勢を確保するため、対空・対艦・対潜能力を強化する。さらに、島嶼防衛を念頭に、緊急事態における初動対処、事態の推移に応じた迅速な増援、海洋からの強襲着上陸による島嶼奪回等を可能とするため、自衛隊に『海兵隊的機能』を付与する。」と提言していました。

また、防衛省「防衛力の在り方検討に関する中間報告」も前述の「各種事態への実効的な対応」の一つとして「島嶼部に対する攻撃への対応」を挙げ、「事態への迅速な対応に資する機動展開能力や水陸両用機能（海兵隊的機能）の着実な整備のため、部隊・装備の配備、総合輸送の充実・強化や民間輸送力の活用、補給拠点の整備、水陸両用部隊の充実・強化等について検討する。」と書いていました。

アメリカの海兵隊は、自衛のためというよりも〝殴り込み部隊〟としての性格を有しています。したがって、自衛隊がアメリカの海兵隊的機能を有するということは、日本の自衛隊が「専守防衛」の枠を超えて、外国に殴り込みをかける部隊になることを意味しているのです。

◆安倍首相の国際法無視の「集団的自衛権」行使論

集団的自衛権は他衛権ですが、その前段階として個別的自衛権行使の条件を超える条件を充足しなければ、他衛権の行使は認められません。

個別的自衛権の行使がなされ、それを行使した国家が同盟国に要請して初めて集団的自衛権行使が許されます。他国から武力攻撃を受けた国の個別的自衛権行使やその国の同盟国への要請がなければ、他衛権も、その行使が許容されないのです。

ところが、安倍首相は、2015年7月10日の衆議院平和安全法制特別委員会で、朝鮮半島など日本周辺有事の際に、集団的自衛権が行使できる状況について「邦人輸送中やミサイル警戒中の米艦が攻撃される明白な危機がある段階で認定が可能」と答弁したのです（「集団的自衛権：「明白な危機」で行使可能　米艦への攻撃　首相が答弁」毎日新聞2015年7月11日東京朝刊）。

この説明で行くと、アメリカが日本に集団的自衛権行使を要請する前、それも、アメリカが個別的自衛権を行使する前に、日本は他衛権である集団的自衛権を行使できるということになります。国際法も無視して、安倍政権は、他衛権を行使する条件が充足していないにもかかわらず、率先して武力の行使をするというのです。「先制他衛」です。恐ろしいことです。

◆民間協力者等もテロの対象へ

以上のことを通じて、安倍自民党は、国際法に違反して戦争を行ってきた「ならず者国家」アメリカのために日本が「戦争できる国家」になることを目指しています。安倍政権は、アメリカの戦争に対し後方支援や武力行使をして軍事協力して加担する国づくりを行い続けていますが、「第9条の2」加憲で、それを追認することを目指しているのです。

そうすると、集団的自衛権行使の要件である「存立危機事態」を認定した場合、「周辺事態」の枠を取り払った「重要影響事態」を認定した場合には、自衛隊がテロのターゲットになるだけではなく、自衛隊の後方支援として協力して「武器・弾薬の輸送」を行う民間航空機のほか、「米軍の人員、物資の輸送」を行う民間船舶など、民間企業の従業員も、テロの対象になる恐れがあります。

後者については、例えば、2016年3月25日の参議院予算委員会で、日本共産党の仁比聡平議員が、イラン・イラク戦争（1980～1988年）当時、ペルシャ湾内で、民間船舶への攻撃が現実に起き、船舶19隻が被弾し、4人が死亡、負傷者19人を出していると指摘しています（「論戦ハイライト 戦争法下 民間動員許されぬ　参院予算委 仁比議員が追及」しんぶん赤旗2016年3月26日）。

また、いわゆる「指定公共機関」は、「輸送」に限定されず、「電気、ガス、通信」「その他の公益的事業」の民間企業も含まれているので、それらの従業員も、法律に基づく場合だけではなく契約に基づく場合においても、事実上動員される可能性があるので、テロの被害にあう恐れがあります。さらに、海外で起きているように、アメリカの戦争に軍事協力している国々では、一般市民をターゲットにしたテロによる被害を受ける恐れがありますので、今後は、日本国内でもテロが起きる恐れがあります。

要するに、日本・日本人がこれまで以上に本格的な戦争加害国・者になるので、日本人も被害者になる恐れがあるのです。自民党の「9条の2」加憲が成立してしまうと、その恐れがますます現実的になり、増幅するのではないでしょうか。

第3章 「高等教育の無償」を口実にした改憲の本音

第1節 「高等教育を無償にする」気はない

◆日本国憲法の教育を受ける権利と義務教育の無償

日本国憲法の「制定」過程において、「GHQ草案」には「教育を受ける権利」も義務教育の「無償」の文言もありませんでした。しかし、当時、帝国議会に提出された「帝国憲法改正案」には「教育を受ける権利」を明記するとともに、「初等教育」の「義務」と「初等教育」の「無償」が明記され、さらに後者については、審議過程で、初等教育に限定しない「普通教育」の「義務」と「義務教育」の「無償」へと修正されました。これは全国の教師からの陳情の結果でしたし、日本共産党の「日本人民共和国憲法（草案）」（1946年6月29日）は、「すべての人民は教育をうけ技能を獲得する機会を保障される。初等および中等学校の教育は義務制とし、費用は全額国庫負担とする。」（第37条）としていました（なお、「上級学校での就学には一定条件の国庫負担制を実施する。」とも明記していました）。

その結果、成立した「日本国憲法」は、第26条で、「すべて国民は、……その能力に応じて、ひとしく教育を受ける権利を有する」（第1項）と定めるとともに、「すべて国民は、……その保護する子女に普通教育を受けさせる義務を負ふ。義務教育は、これを無償とする。」とも定めています。

これは、貧しい家庭に生まれた子どもであっても教育を受けられるようにするために、「教育を受ける権利」という基本的人権を保障し、義務教育を無償にしているのです。

これを受けて、学校教育法は、「義務教育」を「9年の普通教育」とし（第16条）、「小学校は、心身の発達に応じて、義務教育として行われる普通教育のうち基礎的なものを施すことを目的とする。」と定め（第29条）、「中学校は、小学校における教育基礎の上に、心身の発達に応じて、義務教育として行われる普通教育を施すことを目的とする。」と定めています（第45条）。そして、「学校においては、授業料を徴収することができる」ものの、「国立又は公立の小学校及び中学校、中等教育学校の前期課程又は特別支援学校の小学部及び中学部における義務教育については、これを徴収することができない。」と定めています（第6条）。

また、教育基本法も、「義務教育」について定めている条文（第4条）において、「国民は、その保護する子女に、9年の普通教育を受けさせる義務を負う。」と定める（第1項）とともに、「国又は地方公共団体の設置する学校における義務教育については、授業料は、これを徴収しない。」とも定めています（第2項）。

したがって、以上の定めにより、義務教育である普通教育（小・中学校等）については、「教育を受ける権利」という基本的人権の保障として授業料の徴収がなされていません。そこには所得などの要件が条件とされてはいません。誰でも授業料を支払うことなく義務教育を受けられるのです。これが「義務教育の無償」です。

◆「高等教育の無償」には改憲の必要はない

では、日本国憲法の下で「高校（中等教育）以上または大学などの高等教育の無償」を実施することは、憲法違反になるかと問えば、その答えは、NOです。法律で「高校以上の教育の無償」を行っても、それは憲法違反にはなりません。むしろ、日本国憲法は「教育を受ける権利」を保障しているのですから、憲法適合的です。ですから、「高校以上の教育の無償」を実現するのに、あえて明文改憲を行う必要があるわけではないのです。

それでも、自民党は明文改憲を通じて「高校以上または大学などの高等教育の無償」を目指しているのでしょうか？

◆2017年総選挙における自民党の公約

安倍晋三自民党総裁（首相）が2016年10月、同党の保岡興治憲法改正推進本部長と会談した際、「日本維新の会」の憲法改正原案に盛り込まれた「教育無償化」を改憲項目として例示していたと報じられました（「改憲項目『教育無償化』も…安倍首相が例示」毎日新聞2017年1月11日8時）。

また、2017年衆議院総選挙において自民党は、「憲法改正については、国民の幅広い理解を得つつ、……教育の無償化・充実強化……を中心に、党内外の十分な議論を踏まえ、……初めての憲法改正を目指す。」と公約していました。

前述したように小・中学校での義務教育では「無償」（授業料の無徴収）は憲法の要請であり、法律に基づき実際に実現されてきたのですから、自民党が選挙公約に掲げた「教育の無償化」は、「高校以上あるいは大学以上の高等教育の無償」を意味すると受けとめた国民も少なくないのかもしれません。

では、安倍首相や自民党は「高校以上あるいは大学以上の高等教育の無償」の実現を目指しているのでしょうか？

◆「義務教育の無償」とは似て非なる、安倍政権の「高等教育の無償化」

安倍首相は、（大学などの）高等教育の「無償化」とはいいますが、高等教育の「無償」とは言いません。実は、安倍首相の「高等教育の無償化」は「義務教育の無償」のような「高等教育の無償」ではないのです。

安倍内閣は、２０１７年12月８日に「新しい経済政策パッケージについて」を閣議決定しました。その中での「人づくり革命」の章に「高等教育の無償化」という政策が掲げられています。「高等教育は、国民の知の基盤であり、イノベーションを創出し、国の競争力を高める原動力でもある。大学改革、アクセスの機会均等、教育研究の質の向上を一体的に推進し、高等教育の充実を進める必要がある。」などと述べたうえ、「低所得者層の進学を支援し、所得の増加を図り、格差の固定化を解消することが少子化対策になるとの観点から、また、真に支援が必要な子供たちに対して十分な支援が行き届くよう、支援措置の対象は、低所得世帯に限定する」と述べているのです。

そして、支援措置の内容として、「授業料の減免措置」と「給付型奨学金」と挙げて、次のように説明しています。

「第一に、授業料の減免措置については、大学、短期大学、高等専門学校及び専門学校（以下『大学等』という。）に交付することとし、学生が大学等に対して授業料の支払いを行う必要がないようにする。住民税非課税世帯の子供たちに対しては、国立大学の場合はその授業料を免除する。また、私立大学の場合は、国立大学の授業料に加え、私立大学の平均授業料の水準を勘案した一定額を加算した額までの対応を図る。1年生に対しては、入学金についても、免除する。

第二に、給付型奨学金については、学生個人に対して支払うこととする。これについては、支援を受けた学生が学業に専念できるようにするため、学生生活を送るのに必要な生活費を賄えるような措置を講じる。在学中に学生の家計が急変した場合も含め対応する。

また、全体として支援の崖・谷間が生じないよう、住民税非課税世帯に準ずる世帯の子供たちについても、住民税非課税世帯の子供たちに対する支援措置に準じた支援を段階的に行い、給付額の段差をなだらかにする。」

そして、「支援対象者の要件」を次のように明示しています。

「支援対象者については、高校在学時の成績だけで判断せず、本人の学習意欲を確認する。他方、大学等への進学後については、その学習状況について一定の要件を課し、これに満たない場合には支援を打ち切ることとする。具体的には、大学等に進学後、単位数の取得状況、GPA（平均成績）の状況、学生に対する処分等の状況に応じて、支給を打ち切ることとし、これを内容とする給付要件を定める。」

以上で分かるように、安倍政権の「高等教育の無償化」は「義務教育の無償」のような「高等教育の無償」ではないのです。

◆「憲法改正に関する論点取りまとめ」（2017年12月20日）

以上の点は、「教育の無償化」を選挙公約に掲げた自民党も同じです。

自民党憲法改正推進本部の「憲法改正に関する論点取りまとめ」（2017年12月20日）は、「憲法改正推進本部における議論の状況」の箇所で、「家庭の経済事情のいかんに関わらずより高い教育を受けることのできる環境の整備の必要性」など、「わが国が直面する国内外の情勢等に鑑み、まさに今、国民に問うにふさわしいと判断されたテーマとして」、第4番目に「国家百年の計たる『教育充実』」を挙げました。

そして、「各テーマにおける議論の状況と方向性」の箇所で、「教育充実について」は、憲法第26条第3項を新設し、「教育が国民一人一人にとっての幸福の追求や人格の形成を基礎づけ、国の未来を切り拓く上で欠くことのできないものである」として、「国が教育環境の整備を不断に推進すべき旨を規定する方向でおおむね意見は一致している」とまとめています。

ここでは、「教育の無償」「高等教育の無償」の表現はありません。あるのは「教育の充実」という表現です。もっとも、「国が教育環境の整備を不断に推進すべき」とも書かれているので、それが「高等教育の無償」を含意するのではないかと思う方もおられるかもしれません。しかし、それは大きな勘違いです。

◆「高校や大学の無償には反対」の自民党

そもそも自民党は1955年以降（1993年衆議院総選挙後の細川連立内閣を除き）政権の座にありましたが、「教育の無償」に取り組んできませんでした。公立高校の無償を実現したのは、2009年の衆議院総選挙の結果として誕生した民主党連立政権でした。

自民党は、民主党政権の「子ども手当」と「高校授業料無償化」に対し「この理念なき選挙目当てのバラマキ政策には反対です。」と述べ、「高校授業料無償化」に対し「所得制限も行わず無償化するのは過度の平等主義・均一主義です。」と批判しました（自民党「自民党の主張「ここが論点」／Jimin NEWS　高校授業料無償化の問題点！」２０１０年3月16日）。そして、２０１２年12月の衆議院総選挙で再び自民党は政権に復帰し、２０１４年度から公立高校の無償に対し所得制限を設けたのです。

また、２０１７年、衆議院総選挙後の11月28日に開催された自民党憲法改正推進本部では、「この日の会合では『（総選挙での自民党の）公約は全面無償化ではなく、真に必要な家庭の子弟の無償化だった』といった、たたき台を肯定する意見が相次ぎ、反対意見は出なかった。」「大学など高等教育の教育無償化について党改憲原案に『無償』の文言を明記しない方針を固めた。」と報道されたからです（「教育「無償」明記しない理由とは　自民改憲原案」朝日新聞２０１７年11月29日5時54分）。

この報道では、自民党が「高等教育の無償」を明記する改憲をしない理由を次のように紹介しています。

「高等教育の『無償』を憲法に盛り込むことに慎重論が強いのは、巨額の財源の手当てが必要となることに加え、進学せずに就職した人との公平性の問題や、進学者が増え過ぎることによる教育の質の低下への懸念からだ。また、憲法に明記しながら無償にならなければ、違憲訴訟を起こされるリスクが生じることを指摘する声もある。」

自民党憲法改正推進本部は、その後も、改憲（加憲）では「高校以上または大学以上の高等教育の無償」を明記しない方向で、議論が進みます。

◆条文案でも「無償」は明記されず

まず、今年2018年2月21日の自民党憲法改正推進本部の全体会合では、憲法第26条第1項には「経済的理由によって教育上差別されない」との文言を追加し、また、同条に第3項を新設し、教育の意義について「国民の人格の完成、幸福の追求に欠くことのできないもの」と定めた上で、国は「教育環境の整備に努めなければならない」とした加憲の条文案を提示しました。

この条文案は大筋で了承されましたが、「高価な教育でも国に受けさせる義務が生じないか」、「差別しない理由を経済的な要因に限定しかねない」などと異論が出たため、最終的な文言調整などの対応を細田博之本部長に一任したと報じられました（「教育充実『国に努力義務』　自民改憲本部　条文案2例目了承」東京新聞2018年2月22日朝刊）。

そして、同月28日の全体会合では、改憲の方向性は、それよりも更に後退します。

憲法第26条第1項に明記する予定だった「経済的理由によって教育上差別されない」との表現について、党内から「訴訟の乱立を引き起こしかねない」と懸念する声が出たため、外すこととし、党憲法改正推進本部は、代わりに、新設する同条第3項に「各個人の経済的理由にかかわらず教育を受ける機会を確保する」と書き込むことにしたと報じられました（「自民改憲案、教育部分の表現修正＝『差別されない』、訴訟懸念で外す」時事通信2018年2月28日20時46分）。

要するに、自民党改憲推進本部は、改憲（加憲）を通じて「高等教育の無償を実現する」気は一切

日本国憲法	自民党「日本国憲法改正草案」2012年
第２６条　すべて国民は、法律の定めるところにより、その能力に応じて、ひとしく教育を受ける権利を有する。 ２　すべて国民は、法律の定めるところにより、その保護する子女に普通教育を受けさせる義務を負ふ。義務教育は、これを無償とする。	第26条　すべて国民は、法律の定めるところにより、その能力に応じて、ひとしく教育を受ける権利を有し、経済的理由によつて教育上差別されない。 2　すべて国民は、法律の定めるところにより、その保護する子女に普通教育を受けさせる義務を負ふ。義務教育は、これを無償とする。 3　国は、教育が国民一人一人の人格の完成を目指し、その幸福の追求に欠くことのできないものであり、かつ、国の未来を切り拓く上で極めて重要な役割を担うものであることに鑑み、教育環境の整備に努めなければならない。

ないのです。２０１７年衆議院総選挙で自民党が選挙公約に「教育の無償化」を掲げたことが「高等教育の無償」を含意すると信じ込んで同党に投票した有権者は明らかに騙されたのです。

18年3月26日の自民党憲法改正推進本部「憲法改正に関する議論の状況について」は、「教育充実」について、「憲法において、改正教育基本法の規定も参照しつつ、『教育の重要性』を国の理念として位置付けることとするとともに、国民が経済的理由にかかわらず教育を受ける機会を享受できるよう国が教育環境の整備に努めるべき旨を規定することで意見の一致をみた。」として「『教育充実』についての『条文のイメージ（たたき台素案）』については、次のようなものとすることで（下線部分が改正部分）、合意が得られているところである。」とまとめていました。

これは、自民党憲法改正推進本部案（２０１８年２月28日）と同じ立場を維持していることになります。

自民党憲法改正推進本部案（2018年2月28日） 自民党憲法改正推進本部条文イメージ（たたき台素案）（2018年3月26日）
第26条　①・②（現行のまま） 国は、教育が国民一人一人の人格の完成を目指し、その幸福の追求に欠くことのできないものであり、かつ、国の未来を切り拓く上で極めて重要な役割を担うものであることに鑑み、各個人の経済的理由にかかわらず教育を受ける機会を確保することを含め、教育環境の整備に努めなければならない。

自民党憲法改正推進本部案（2018年2月28日）の出典は朝日新聞2018年3月1日朝刊。

第2節　「教育への国家介入」の「合憲」が改憲の本音

◆改憲における自民党の本音

高等教育の無償または無償化には改憲の必要がありませんので、自民党の改憲の本音は、「教育への国家（自民党政権）の介入」の「合憲」化でしょう。というのは、「自民党憲法改正推進本部案」（2018年2月28日）および「自民党憲法改正推進本部条文イメージ（たたき台素案）」（2018年3月26日）では、新設される第26条第3項において、「教育環境の整備に努めなければならない。」という文言の前に、「国は、教育が……国の未来を切り拓く上で極めて重要な役割を担うものであることに鑑み」という表現を盛り込んでいるからです。

これは、「自民党憲法改正推進本部案」や自民党「日本国憲法改正草案」（2012年）でも同様で、「国は、教育が国の未来を切り拓く上で欠くことのできないものであることに鑑み、教育環境の整備に努めなければならない。」という表現が盛り込まれていました（第26条第3項）。

若干表現に違いがありますが、いずれも教育を「国の未来を切り拓く」ものと位置付けている点は同じです。それゆえ、自民党憲法改正推進本部案は、教育を「国の未来を切り拓く」ものと位置づけ、「教育環境

自民党「日本国憲法改正草案」（2012年）
（教育に関する権利及び義務等） 第26条…　　　2… 3　国は、教育が国の未来を切り拓く上で欠くことのできないものであることに鑑み、教育環境の整備に努めなければならない。

の整備」を口実に国が学校の教育内容に介入し口出しできる憲法上の根拠にしようとしているのではないかと危惧されます。

◆「教育の充実」でも介入しようとしている

前述したように、安倍内閣は、「新しい経済政策パッケージについて」（2017年12月8日）の閣議決定において、「義務教育の無償」とは似て非なる「高等教育の無償化」の政策を掲げ、「支援措置の対象は、低所得世帯に限定する」と述べていましたが、そのうえ、「支援措置の対象となる大学等の要件」を設けています。

すなわち、「支援措置の対象となる大学等は、その特色や強みを活かしながら、急速に変わりゆく社会で活躍できる人材を育成するため、社会のニーズ、産業界のニーズも踏まえ、学問追究と実践的教育のバランスが取れている大学等とする。」とし、「具体的には、①実務経験のある教員による科目の配置及び②外部人材の理事への任命が一定割合を超えていること、③成績評価基準を定めるなど厳格な成績管理を実施・公表していること、④法令に則り財務・経営情報を開示していることを、支援措置の対象となる大学等が満たすべき要件と」するとしているのです。

このように安倍政権は、「高等教育の支援」を口実にして、日本国憲法が保障している「大学の自治」（第23条）に介入し、侵害しようとしています。

山極寿一・国立大学協会会長（京都大学長）は今年2月26日、東京都内で開かれた同協会の総会およびその後の記者会見で、政府が外部から招いた理事の数が一定の割合を満たしていることや、実務経験のある教員が担当する科目を配置することなど4要件を示し高等教育の支援対象大学の要件を示したことについて、「政府が大学の経営に手入れしてくる。座して見ていいのか」と述べ、議論の必要性があるとの認識を示し、「困窮している学生の進学の希望を失わないようにするのは望ましい」と無償化の理念に賛成した上で「行きたい大学に行くのが重要なのに、大学に要件を付けるのはおかしい」、「大学の自治への介入で、やりすぎだ」と政府を批判しました（「高等教育無償化　国大協会長が批判『大学の自治への介入』」毎日新聞2018年1月26日 19時56分）。当然の批判です。

◆安倍政権は教育基本法を改悪した「前科」あり

安倍政権は、これまで国会の教育介入を強行してきました。

そもそも敗戦後の1947年制定の教育基本法は、日本国憲法の人権保障や理念を踏まえ、教育の目的として「個人の尊厳を重んじ、真理と平和を希求する人間の育成」を目指し、「教育の方針」として「学問の自由を尊重」することを掲げ、「教育行政」における「不当な支配」を禁止し、教員の身分の尊重と待遇の適正を求めていました。

しかし、2006年12月、「戦後レジームからの脱却」を目指した第一次安倍晋三内閣は、教育基本法の「改正」（改悪）を強行し、「教育の目標」として「学問の自由を尊重しつつ」としながらも（第2条）、「伝統と文化を尊重し、それらをはぐくんできた我が国と郷土を愛する」ことを明記しました（同条第5号）。そして、「教育行政は、国と地方公共団体との適切な役割分担及び相互の協力の下」に行われることにし（第16条第1項）、国や地方公共団体はこれを根拠に教育に介入できるようになりました。

これを受け、また、教師の教育能力の低下を口実に、2007年6月には、①義務教育の目標に「公共の精神」などを盛り込み、副校長や主幹教諭などを新設する「改正学校教育法」、②文部科学相に教育委員会への指示・是正要求権を与える「改正地方教育行政法」、③教員免許に有効期間10年の更新制を2009年から導入し、指導が不適切な教員への人事管理を徹底する「改正教員免許法等」という教育3法の制定が強行されました。こうして、学校教育、教師の自由へ国家の介入の途がつくられてきました。

◆教育勅語の復活の危険性

今から4年余り前の2014年4月の参議院文教科学委員会において「教育勅語」についての「排除決議とは関係なく、副読本や学校現場では活用できるという見解でいいか」という質問に、当時の前川喜平・文科省初等中等教育局長は、「我が国の教育の唯一の根本理念であるとするような指導は不適切」とする一方、「教育勅語の中には今日でも通用するような内容も含まれており、これらの点に着目して学校で活用するということは考えられる」と述べ、下村博文文科大臣（当時）も「教材として使うことは差し支えない」と答弁していました（「教育勅語、教材化に道筋　第2次安倍政権で評価相次ぐ」朝日新聞2017年4月1日11時10分）。

当時の初等中等教育局長だった前川喜平氏は、自己の答弁につき、「教育勅語を学校で使うべきだ」という姿勢の議員から質問通告があったので、「教育勅語は戦後の憲法体制にはそぐわないもので、衆参両院で無効確認・失効の決議が行われているというのが従来の文科省の考え方。だから『教育勅語を学校教育で扱うことについては慎重でなければならない』という趣旨の答弁案をつくりました」が、答弁当日の朝、下村大臣から答弁案に対し「これじゃあ駄目だ」と突き返され、教材としての活用を事実上否定する「慎重でなければならない」から、全面肯定の「差し支えない」へと書き換えを強いられた旨説明しています（「『文科相に書き換えさせられた』教育勅語めぐり前川さん明かす」共同通信2018年10月5日16時45分）。

また、2017年3月8日の参議院予算委員会で、稲田朋美防衛大臣（当時）は、「教育勅語の精神である親孝行や、友だちを大切にすることなど、核の部分は今も大切なものとして維持しており、そこは取り戻すべきだと考えている」「教育勅語の精神である、日本が高い倫理観で世界中から尊敬される道義国家を目指すべきだという考えは、今も変わっていない」と述べました。また、「教育勅語が戦前、戦争への道につながるなど、問題を起こしたという意識はあるか」と問われたのに対し、「そういうような一面的な考え方はしていない」と述べました（「稲田防衛相『教育勅語の核の部分は取り戻すべき』」NHK2017年3月8日18時44分）。

◆真の「教育勅語の核」

しかし、「教育勅語」（教育ニ関スル勅語）は、自由民権運動を弾圧して制定された大日本帝国憲法の施行（１８９０年11月29日）の1カ月前（同年10月30日）に発布されたもので、それ以来、学校の式典等で朗読され、日本は、戦争に明け暮れました。日清戦争（１８９４年〜95年）を起こし、その後、義和団の乱（１９００年〜01年）に参戦し、日露戦争（１９０４年〜05年）を行い、第一次世界大戦（１９１４年〜18年）にも日英同盟に基づき参戦しました。さらに、満州事変（１９３１年〜32年）、日中戦争（１９３７年〜45年）を起こし、ファシズム連合である日独伊三国同盟（１９４０年）を締結して太平洋戦争（１９４１年〜45年）に突入しました。多くの国民がそれらの戦争に動員され、加害者にもなり犠牲者にもなりました。

「教育勅語の核」は、その歴史的役割を踏まえて考えれば、主権者天皇がその臣民（国民）に対し、儒教的な道徳を一方的に強要することに加えて、「常に（天皇主権で基本的人権を保障せず戦争を許容し臣民の兵役の義務を課していた）大日本帝国憲法を尊重し、（そのもとで制定された）法律を遵守しなさい」「もし非常事態が起きたら勇敢に公（＝国家）に身を奉げ（＝滅私奉公し）、これによって、永く繁栄し続ける皇室の運命を助けなさい」と命じたところにあります（「常ニ国憲ヲ重ンジ国法ニ遵ヒ一旦緩急アレバ義勇公ニ奉ジ、以テ天壌無窮ノ皇運ヲ扶翼スベシ」）。

だからこそ、「ポツダム宣言」を日本が受諾した翌１９４６年10月9日、文部省令によって、国民学校令施行規則の一部が改正され、「教育勅語捧読」などに関する規定が削除され、教育勅語に代わるものとして教育基本法が翌47年に帝国議会で制定されました（同年3月31日公布・施行）。そして、日本国憲法が同年5月3日に施行された翌48年6月19日に、衆議院が「教育勅語等排除に関する決議」を、参議院が「教育勅語等の失効確認に関する決議」を行いました。日本国憲法前文は「人類普遍の原理」

に基づく日本国憲法に「反する一切の憲法、法令及び詔勅を排除する」と明記していた（前文。さらに第98条）ので、両決議はこれを確認したものと解すべきです。

要するに、「教育勅語の核」は、ポツダム宣言に矛盾し、日本国憲法の国民主権主義、基本的人権尊重主義、非軍事平和主義に反するものなのです（上脇博之「日本国憲法の真価と改憲論の正体」（日本機関紙出版センター・2017年）「終わりに」を参照）。

◆森友学園の小学校設置理念は安倍政権と同じ理念

その「教育勅語」を園児らに素読させてた幼稚園がありました。それが学校法人森友学園の塚本幼稚園だったことは、2017年、マスコミでも大きく報道されました。また、安倍昭恵首相夫人は、それに感涙し、「瑞穂の國記念小學院」の名誉校長に就任予定だったことも、大きく報道されました。

最終的には、その小学校設置は実現しませんでしたが、当初、森友学園が国有地を貸借して設置を目指していたときの「開成小学校設置趣意書」では、日本国憲法に適合する「子ども権利条約・男女共同参画・雇用均等法」などを「日本人の品性をおとしめ世界超一流の教育をわざわざ低下せしめた」と批判し、さらに戦前の「富国強兵的考え」や「教育勅語」を高く評価する記述になっていて、森友学園の塚本幼稚園の園児の「受け皿が必要」だとして小学校を設置すると書かれていました。

当初、森友学園が大阪府に設置認可のための相談をしたときの小学校名は「安倍晋三記念小学校」だったそうです（「『安倍晋三記念小学校』森友側が説明　財務省記録に記載」朝日新聞2018年5月24日5時8分）。

国は、このような内容の設置趣意書を提出した学校法人に小学校建設のための国有地を貸借する（後に、財政法第9条違反の売却をする）ことを決めたのです。安倍首相夫妻の口利きがあったからでしょう。

◆2018年10月の内閣改造でも

安倍首相は、18年10月2日の内閣改造で、柴山昌彦議員を文部科学大臣として初入閣させましたが、就任会見で柴山大臣は「教育勅語」について「アレンジをした形で、今の例えば道徳等に使うことができる分野は、私は十分にあるという意味では、普遍性を持っている部分が見て取れる」と明言しました。柴山大臣は、さらに「同胞を大事にするなどの基本的な内容について現代的にアレンジして教えていこうという動きがあり、検討に値する」とも話し、学校教育において実際に「教育勅語」を活用することまで踏み込んでいます。

18年9月30日の沖縄県知事選で佐喜真淳候補が敗退しましたが、彼が宜野湾市長時代に出席して閉会の辞も述べた日本会議系団体主催の「沖縄県祖国復帰42周年記念大会」で、保育園の園児らが「教育勅語」を奉唱させられていた動画の衝撃が、敗北の要因の一つでした。

しかし、安倍首相は、それよりも右翼イデオロギーを重視して柴山議員を文科相に抜擢。「教育への国家の介入」を目指す安倍改憲を強行するという意思の表れです。

自民党憲法改正推進本部案が明文改憲で成立してしまうと、自民党政権が、日本国が行ういかなる戦争にも積極的に協力する従順な国民（少なくとも反対しない国民）を育成するために「教育勅語」の暗唱等を全国の児童・子どもらに強要しても、「合憲」にすることを狙っているのでしょう。

第3節　私学助成は違憲ではないのに改憲

◆憲法が私学助成を禁止している⁉

自民党憲法改正推進本部の「憲法改正に関する論点取りまとめ」（２０１７年12月20日）は、私学助成（私立学校への助成金）につき、憲法第89条が「私学助成が禁止されていると読めることから、条文改正を行うべきとの意見も出されている。」と記してもいます。

また、18年1月21日の自民党憲法改正推進本部の全体会合では、公金支出のあり方を定めた憲法第89条について、私学助成の合憲性を担保するという口実で、「公の支配に属しない」との文言を「公の監督が及ばない」に変更した条文案が提示され、了承されました（「教育充実『国に努力義務』自民改憲本部　条文案2例目了承」東京新聞２０１８年2月22日　朝刊）。この点は、1月28日の全体会合でも同じ結論でした（朝日新聞２０１８年3月日朝刊）。

また、18年3月26日の自民党憲法改正推進本部「憲法改正に関する議論の状況について」は、「憲法89条について、現在の文言では、私学助成が禁止されていると読めることから、憲法26条の改正と併せて、現行規定の表現を現状に即した表現に改正することについても、合意が得られているところである。」とまとめていました。そして、「自民党憲法改正推進本部条文イメージ（たたき台素案）」を挙げていますが、それは、自民党憲法改正推進本部案（２０１８年2月28日）と同じ内容の条文案でした。

自民党憲法改正推進本部は、まるで私学助成が違憲であるかのように説明して、改憲が私学助成を「合憲」するためであるかのように改憲を主張しています。

自民党憲法改正推進本部案（2018年1月21日・28日）
自民党憲法改正推進本部条文イメージ（たたき台素案）2018年3月26日

第89条　公金その他の公の財産は、宗教上の組織若しくは団体の使用、便益若しくは維持のため、又は公の監督が及ばない慈善、教育若しくは博愛の事業に対し、これを支出し、又はその利用に供してはならない。

◆自民党は私学助成が違憲ではないと考えていた

実は、自民党「日本国憲法改正草案」（２０１２年）も、同様の条文案を提案していましたが、憲法改正の理由は、前述とは異なっていました。自民党「日本国憲法改正草案Ｑ＆Ａ」（２０１２年）は、「私学助成に関わる規定（89条）を変えたのは、なぜですか？」というQ28の回答で、次のように解説していました。

「現行憲法89条では、『公の支配』に属しない教育への助成金は禁止されています。

ただし、解釈上、私立学校においても、その設立や教育内容について、国や地方公共団体の一定の関与を受けていることから、『公の支配』に属しており、私学助成は違憲ではないと考えられています。しかし、私立学校の建学の精神に照らして考えると、『公の支配』に属するというのは、適切な表現ではありません。そこで、憲法の条文を改め、『公の支配に属しない』の文言を、国等の『監督が及ばない』にしました。」

このように自民党は私立学校への助成金が日本国憲法の下で違憲だとは考えていなかったのです。憲法学でも私学助成を違憲とする立場は皆無に近いでしょう。また、自民党は「私立学校」が「『公の支配』に属するというのは、適切な表現ではありません。」と改憲理由を説明していましたが、私学助成が違憲ではない憲法上の根拠は、私立学校（の教育）が「公の支配」に属しているからでは

自民党「日本国憲法改正草案」(2012年)
第89条　…(略)… 2　公金その他の公の財産は、国若しくは地方自治体その他の公共団体の監督が及ばない慈善、教育若しくは博愛の事業に対して支出し、又はその利用に供してはならない。

なく、「教育を受ける権利」（憲法第26条）を金銭面で保障するためであると解すべきです。ですから、あえて明文改憲する必要はどこにもないのです。

自民党は、本心では私学助成を違憲ではないと考えているにもかかわらず、改憲の口実をつくるために私学助成を違憲と言い始め、改憲を主張しているのです。

◆「国の教育への介入」批判をかわしながら介入する狙いも

改憲成立後に国が堂々と学校教育に介入するとなると、それに対する批判をかわすためにも、憲法第89条の「公の支配」の文言を「公の監督」に変更する改憲が目論まれているのではないでしょうか。

と同時に、「監督」を口実に、国が私立学校の教育に介入する魂胆なのでしょう。

第4章 「自然災害への対処」を口実にした加憲の本音

第1節 緊急事態についての大日本帝国憲法と日本国憲法の本質的違い

◆主権者天皇の緊急勅令

そもそも日本国憲法には、いわゆる緊急事態条項は存在しません。それは、歴史的な意義を有しています。

日本では、1874年から10年余りの期間、封建主義を打破しようとする自由民権運動が起き、この運動の中で、「五日市憲法草案」（1881年）や植木枝盛「東洋大日本国々憲案（日本国国憲案）」（1881年）など、近代憲法に類似した数多くの憲法草案が考案されますが、当時の明治政府は、この運動を弾圧して、基本的人権を保障しない天皇主権の大日本帝国憲法を制定しました（1889年2月11日発布、翌90年11月29日施行）。

「臣民の権利」は法律等によって権利の制限が容易にでき（「法律の留保」）、治安維持法（1925年）のもと、当時の天皇主権に抵抗する人は拷問・虐待も受け、弾圧されました。

主権者天皇には、独立命令（第9条）のほか、帝国議会閉会中に緊急の必要がある場合に法律に代わる緊急勅令（第8条。ただし国会の事後承認が必要）も認めていました。戦前の1923年、関東大震災後の緊急勅令として治安維持令が公布されました

◆緊急事態条項のない日本国憲法

これに対し、日本国憲法は、非軍事平和主義のほか国民主権主義という基本原理を採用しました。貴族院を廃止し、参議院を採用し、衆議院とともに衆参各院の国会議員は主権者国民の選挙で選出されるようになりました。このように主権者国民の代表機関となった国会は、「国権の最高機関」でもあり、かつ「国の唯一の立法機関」と位置づけられました（第41条）。そして、衆議院が解散しているときに緊急の必要があれば内閣が参議院の緊急集会を求めることができると定めました（第54条第2項）。こうして日本国憲法は、政府が国会の定める法律に反する命令を発令することが禁止されるようになり、緊急事態条項は採用されませんでした。

また、日本国憲法は、基本的人権尊重主義という基本原理を採用しました。基本的人権は、いわゆる「公共の福祉」の制約（第12条、第13条、第22条、第29条）を受けますが、国会であっても基本的人権を不当に制限する法律を裁定することは許されません（第13条）し、政府が法律の定めなく人権を制限する命令（政令）を発令することも禁止されたのです。もし違憲の立法・政令があれば、裁判所がそれを違憲と判示することができます（第81条）し、違憲の法令は無効になります（第98条第1項）。

それゆえ、政府は法律の制定・改廃をする時間的余裕がない緊急事態の場合でも、基本的人権を制約する政令（緊急政令）を発令することは禁止されているのです。

第2節　自民党「日本国憲法改正草案」の緊急事態条項の危険性

◆自民党「日本国憲法改正草案」(2012年)

ところが、2012年の自民党「日本国憲法改正草案」は、緊急事態条項の新設を構想していたのです。これは、人権保障の点でも統治機構の点でも、大日本帝国憲法の立場に近づくのですが、それ以上に危険な側面もあります。

この緊急事態条項には、「法律の定めるところにより」という文言が7カ所もあり、「法律」の内容・定め方次第で、その危険性の質とその程度が決まるという問題点をはらんでいます。また、それ以外に、少なくとも次のような問題点が指摘できます。

◆内閣も立法機関になり「国の唯一の立法機関」は骨抜きへ

第一に、自民党「日本国憲法改正草案」は、「内閣総理大臣は、我が国に対する外部からの武力攻撃、内乱等による社会秩序の混乱、地震等による大規模な自然災害」などの「緊急事態の宣言」を発することができるとしていました(第98条第1項)。ここで、「地震等による大規模な自然災害」を挙げていますが、これへの対処は、現行の「災害対策基本法」で可能で、憲法改正する必要はありません。それゆえ、自民党「日本国憲法改正草案」の主眼は、「我が国に対する外部からの武力攻撃、内乱等」を口実にした緊急事態の宣言です。

内閣総理大臣が「緊急事態の宣言」を発すると、自民党「日本国憲法改正草案」は、「内閣は法律と同一の効力を有する政令を制定することができる」「内閣総理大臣は財政上必要な支出その他の処分を行い、地方自治体の長に対して必要な指示をすることができる」としています(第99条第1項)。前者は、法律がなくても政令を制定できるし、法律と矛盾する政令を制定でき、その政令に法律と同一の効力を認めるものです。

ところで、日本国憲法が定めている「国の唯一の立法機関」（第41条）には、二つの意味があります。一つは、国会の議決だけで（つまり国会以外の国家機関の関与なしで）法律が成立するという意味です（国会単独立法の原則）。これは国民主権主義に基づく国会の代表機関性からの当然の帰結です。もう一つは、法律を制定する権限（立法権）を国会に独占させ、国会以外の国家機関が立法することを認めないことを意味しています（国会中心立法の原則）。それゆえ、日本国憲法は、行政権・内閣による独自の立法を認めてはおらず、大日本帝国憲法における主権者天皇の緊急勅令（第８条）や独立命令（第９条）を否定しているのです。

もっとも、国会中心立法の原則は、行政権による立法への関与を一切否定するわけではなく、国会の制定した法律を執行するための命令（執行命令）や法律によって委任された事項を定める命令（委任命令）を許容していますが、執行命令は法律の枠を超えたり、法律に違反する命令は許されませんし、委任命令も、法律が委任事項について個別・具体的に定めておらず、ほとんどその内容を行政任せにすること（白紙委任）は許されません。これは、三権分立制から帰結される当然の原則です。

ところが、自民党「日本国憲法改正草案」は、国会が「国の唯一の立法機関」であるという定めを残しながらも、法律と矛盾する政令を制定でき、その政令に法律と同一の効力を認めているのです。これは、国会単独立法の原則に反します。たとえ法律の委任があっても白紙委任になる可能性が高いので、その場合には、国会中心立法原則に反することになり、いずれにせよ、大日本帝国憲法の緊急勅令に匹敵し、国会の「国の唯一の立法機関」性の骨抜きになることは必至でしょう。

◆内閣に都合の良い人権制限

第二の問題は、「緊急事態の宣言」による人権制限です。自民党「日本国憲法改正草案」は、「何人も、法律の定めるところにより、…国民の生命、身体及び財産を守るために行われる措置に関して発せられる国その他公の機関の指示に従わなければならない。」と定め、法律の委任さえあれば内閣総理大臣が緊急事態を宣言すると内閣の政令で人権を制限できるというのです（第99条第3項）。これにつき「自民党日本国憲法改正草案Q＆A」の解説で確認しておきます（Q36の答）。

「99条3項で、緊急事態の宣言が発せられた場合には、国民は、国や地方自治体等が発する国民を保護するための指示に従わなければならないことを規定しました。現行の国民保護法において、こうした憲法上の根拠がないために、国民への要請は全て協力を求めるという形でしか規定できなかったことを踏まえ、法律の定める場合には、国民に対して指示できることとするとともに、それに対する国民の遵守義務を定めたものです。『国民の生命、身体及び財産を守るために行われる措置』という部分は、党内議論の中で、『国民への指示は何のために行われるのか明記すべきだ。』という意見があり、それを受けて規定したものです。

後段の基本的人権の尊重規定は、武力攻撃事態対処法の基本理念の規定（同法3条4項後段）をそのまま援用したものです。……国民の生命、身体及び財産という大きな人権を守るために、そのため必要な範囲でより小さな人権がやむなく制限されることもあり得るものと考えます。」

このように自民党「日本国憲法改正草案」では、緊急事態の宣言効果により、「大きな人権を守る」ということを口実にして「より小さい人権」の制限が許容されているのです。基本的人権の制約は本来、量的問題としてではなく、質的な問題として、その制約の可否（是非）を論じるべきですが、自民党「日本国憲法改正草案」は、質の問題ではなく、量の問題として基本的人権の制約を認めようというのです。量的問題として人権制限を認めてしまえば、個々人や少数者の基本的人権は、簡単に制限されてしまうので、この点でも自民党「日本国憲法改正草案」は基本的人権の実質的な否定を目論んできたのです。

◆事実上の独裁政治の恐れ

第三に、大日本帝国憲法の緊急勅令との相違もあり、議会制民主主義にとって、より悪質であるという問題があります。命令を発する主体が内閣総理大臣か天皇かの違いがあるほか、大日本帝国憲法は、緊急勅令を発せられる場合を帝国議会閉会中に限定しているうえに、帝国議会の承諾がなければ緊急勅令が無効になると明記しているのに比べ、自民党「日本国憲法改正草案」は、国会の閉会中に限定してはおらず、国会の事後承認を得られなかった場合に緊急事態の宣言や政令が必ず無効になるとは明記してはいないのです。

「緊急事態の宣言が効力を有する期間」という文言があるので、「緊急事態の宣言」の場合には、不承認の場合に無効になる可能性がありますが、有効期間は「法律」で如何様にでも定められる可能性がありますす。他方、「政令」の場合は、国会の事後承認を得られない場合の「無効」の定めは全くありません。

大日本帝国憲法	自民党「日本国憲法改正草案」(2012年)
	第9章 緊急事態 (緊急事態の宣言) 第98条 内閣総理大臣は、我が国に対する外部からの武力攻撃、内乱等による社会秩序の混乱、地震等による大規模な自然災害その他の法律で定める緊急事態において、特に必要があると認めるときは、法律の定めるところにより、閣議にかけて、緊急事態の宣言を発することができる。 ②緊急事態の宣言は、法律の定めるところにより、事前又は事後に国会の承認を得なければならない。 ③内閣総理大臣は、前項の場合において不承認の議決があったとき、国会が緊急事態の宣言を解除すべき旨を議決したとき、又は事態の推移により当該宣言を継続する必要がないと認めるときは、法律の定めるところにより、閣議にかけて、当該宣言を速やかに解除しなければならない。また、百日を超えて緊急事態の宣言を継続しようとするときは、百日を超えるごとに、事前に国会の承認を得なければならない。 ④第2項及び前項後段の国会の承認については、第60条第2項の規定を準用する。この場合において、同項中「30日以内」とあるのは、「5日以内」と読み替えるものとする。
第8条　天皇ハ公共ノ安全ヲ保持シ又ハ其ノ災厄ヲ避クル為緊急ノ必要ニ由リ帝国議会閉会ノ場合ニ於テ法律ニ代ルヘキ勅令ヲ発ス	(緊急事態の宣言の効果) 第99条 緊急事態の宣言が発せられたときは、法律の定めるところにより、内閣は法律と同一の効力を有する政令を制定することができるほか、内閣総理大臣は財政上必要な支出その他の処分を行い、地方自治体の長に対して必要な指示をすることができる。 ②前項の政令の制定及び処分については、法律の定めるところにより、事後に国会の承認を得なければならない。

②此ノ勅令ハ次ノ会期ニ於テ帝国議会ニ提出スヘシ若議会ニ於テ承諾セサルトキハ政府ハ将来ニ向テ其ノ効力ヲ失フコトヲ公布スヘシ	③緊急事態の宣言が発せられた場合には、何人も、法律の定めるところにより、当該宣言に係る事態において国民の生命、身体及び財産を守るために行われる措置に関して発せられる国その他公の機関の指示に従わなければならない。この場合においても、第14条、第18条、第19条、第21条その他の基本的人権に関する規定は、最大限に尊重されなければならない。 ④緊急事態の宣言が発せられた場合においては、法律の定めるところにより、その宣言が効力を有する期間、衆議院は解散されないものとし、両議院の議員の任期及びその選挙期日の特例を設けることができる。

そのうえ、第四に、自民党「日本国憲法改正草案」は、大日本帝国憲法の定めと違い、緊急事態の宣言は、国会の事前承認さえあれば、１００日を超えて継続することが可能であり（第98条第3項）、また、衆議院の解散・総選挙もできないことになり、「両議院の議員の任期及びその選挙期日の特例を設けることができる」とされています（第99条第4項）。

これが悪用されれば、主権者国民は衆参の国政選挙の機会を奪われ、内閣とそれを支持する議員らによる事実上の独裁政治状態になる恐れがあります。三権分立制の実質的な否定です。この点では、麻生太郎副総理の「ナチス政権下のドイツでは、憲法は、ある日気づいたら、ワイマール憲法が変わってナチス憲法に変わっていたんですよ。誰も気づかないで変わった。あの手口、学んだらどうかね」という発言（２０１３年7月19日）を、改めて想起する必要がありそうです。

「幸運にも」たとえ独裁政治にならないとしても、議会制民主主義が骨抜きになることは、明らかです。また、自民党「日本国憲法改正草案」は日本国憲法の定める「国会は、国権の最高機関」という規定を残しています（第41条）が、緊急事態条項の新設は、これと明らかに矛盾します。事実上内閣が国権の最高機関になってしまうからです（緊急事態条項の問題については、村田尚紀『改憲論議の作法と緊急事態条項』日本機関紙出版センター・２０１６年を参照）。

第3節　緊急事態条項の加憲に隠された本音

◆自民党憲法改正推進本部「憲法改正に関する論点取りまとめ」（2017年12月20日）

では、安倍自民党は、２０１２年の「日本国憲法改正草案」のような緊急事態条項の加憲を目指しているのでしょうか？

すでに紹介したように、自民党憲法改正推進本部「憲法改正に関する論点取りまとめ」（２０１７年12月20日）は、「憲法改正推進本部における議論の状況」として、阪神淡路大震災や東日本大震災などで経験した緊急事態への対応……など、わが国が直面する国内外の情勢等に鑑み、まさに今、国民に問うにふさわしいと判断されたテーマとして、…、②統治機構のあり方に関する『緊急事態』…である。」としていました。

そして、「各テーマにおける議論の状況と方向性」として、「緊急事態について」「①選挙ができない事態に備え、『国会議員の任期延長や選挙期日の特例等を憲法に規定すべき』との意見」「②諸外国の憲法に見られるように、『政府への権限集中や私権制限を含めた緊急事態条項を憲法に規定すべき』との意見」の二通りが述べられた、とまとめていました。

◆自民党憲法改正推進本部執行部案（2018年3月7日）

自民党憲法改正推進本部（細田博之本部長）は18年1月31日午前、今年初の全体会合を開き、改憲を目指す4項目のうち、大規模災害などに備える緊急事態条項について議論しました。同本部の幹部は政府の権限強化や国民の私権制限の明記を見送り、国会議員の任期延長に絞って意見をまとめようとしていましたが、任期延長特例に絞ることに対しては「自分たちの身分を守ることだけが目的と誤解される」と異論が出でて、内閣の権限強化などを含む「日本国憲法改正草案」（2012年）への支持が相次ぐ、想定外の展開となり、結論は先送りされました。

しかし、自民党憲法改正推進本部は、3月7日、細田博之本部長が有力候補として緊急事態条項の条文案を示しました。それは、自然災害という非常時であることを理由に、国会議員の任期を延長することを認めるほか、内閣に法律と同じ効力のある政令制定を認め、国民の権利を制限できるようにするものです（「国の人権侵害招く恐れ　『緊急事態』自民改憲条文案」東京新聞2018年3月8日朝刊）。

自民党憲法改正推進本部執行部が有力視する「緊急事態条項」に関する加憲条文案（以下、「自民党憲法改正推進本部執行部案」という）は、基本的には、「日本国憲法改正草案」（2012年）と同じ、緊急事態における政令制定権の新設と国会議員の任期延長の特例の新設が盛り込まれていましたが、違いもありました。

大きな違いに限定して紹介すると、その第一は、「我が国に対する外部からの武力攻撃、内乱等による社会秩序の混乱」、「緊急事態」という表現がなくなり、「大地震その他の異常かつ大規模な災害」と

自民党憲法改正推進本部執行部案（2018年3月7日）
【「大規模な震災」等に係る規定案】 第○条　大地震その他の異常かつ大規模な災害により、国会による法律の制定又は予算の議決を待ついとまがないと認める特別の事情があるときは、内閣は、あらかじめ法律で定めるところにより、国民の生命、身体及び財産を保護するため、政令を制定し、又は財政上の支出その他の処分を行うことができる。 (2)　前項の政令又は処分は、○日以内に国会の承認がない場合には、その効力を失う。
【国会議員の任期特例等に係る規定案】 第○条　大地震その他の異常かつ大規模な災害により、衆議院議員の総選挙又は参議院議員の通常選挙の適正な実施が困難であると認めるときは、国会は、あらかじめ法律で定めるところにより、内閣の要請に基づき、各議院の出席議員の3分の2以上の多数で、（○月を超えない範囲内において、）その任期及び選挙期日の特例を定めることができる。

自民党憲法改正推進本部執行部案（2018年3月7日）は「緊急事態条項の改憲条文案」日経新聞（2018年3月7日22時）。

いう表現だけになりました。

第二の大きな違いは、「政令又は処分は、○日以内に国会の承認がない場合には、その効力を失う。」という条項が盛り込まれたことです。

第三は、国会議員の任期延長などの特例については、「各議院の出席議員の３分の２以上の多数で、（○月を超えない範囲内において、）」という文言が加わったことです。

いずれも、２０１２年の自民党「日本国憲法改正草案」に対する批判を、少しばかり受け入れた結果でしょう。もちろん、その危険性は本質的に変わっていません。

◆自民党憲法改正推進本部「憲法改正に関する議論の状況について」（２０１８年３月26日）

さらに３月26日の自民党憲法改正推進本部

自民党憲法改正推進本部条文イメージ（たたき台素案）2018年3月26日
第73条の2　大地震その他の異常かつ大規模な災害により、国会による法律の制定を待ついとまがないと認める特別の事情があるときは、内閣は、法律で定めるところにより、国民の生命、身体及び財産を保護するため、政令を制定することができる。 (2)　内閣は、前項の政令を制定したときは、前項の政令又法律で定めるところにより、速やかに国会の承認を求めなければならない。 （※内閣の事務を定める第73条の次に追加）
第64条の2　大地震その他の異常かつ大規模な災害により、衆議院議員の総選挙又は参議院議員の通常選挙の適正な実施が困難であると認めるときは、国会は、法律で定めるところにより、各議院の出席議員の3分の2以上の多数で、その任期の特例を定めることができる。 （※国会の章の末尾に特例規定として追加）

「憲法改正に関する議論の状況について」は、「緊急事態対応」については、『国民の生命と財産の保護』の関連から」「①選挙実施が困難な場合における国会議員の任期延長等、②個別法に基づく緊急政令の制定の規定を設けることができる旨規定しておくことが、立憲主義の精神にもかなうと考えられる。」として、『条文イメージ（たたき台素案）』として、次のようなものが考えられるのではないか」とまとめていました。

これも、基本的に、これまでの「緊急事態対応」と同じで、緊急事態の場合の内閣の政令制定権の新設と国会議員の任期延長の特例で構成されています。

注目点は、第一に、前述の「自民党憲法改正推進本部執行部案」（2018年3月7日）と同じで、自民党「日本国憲法改正草案」（2012年）にあった「我が国に対する外部からの武力攻撃、内乱等による社会秩序の混乱」、「緊急事態」という表現はなく、「大地震その他の異常かつ大規模な災害」という表現だけになりました。

第二に、前述の自民党憲法改正推進本部執行部案（2018年3月7日）で盛り込まれた「政令又は処分は、○日以内に国会の承認がない場合には、その効力を失う。」という条項がなくなっていたことです。この点では自民党「日本国憲法改正草案」に戻りました。

第三は、国会議員の任期延長などの特例については、「各議院の出席議員の3分の2以上の多数で」という文言は残りましたが、「(○月を超えない範囲内において、)」という文言が消えたことです。後者の点で、自民党「日本国憲法改正草案」に戻りました。

◆自然災害対応なら憲法改正の必要はない

では、今の安倍自民党は、大規模自然災害に対する緊急事態対応に限定して二つの緊急事態条項を新設しようとしているのでしょうか？

もしそうだとすると、加憲の憲法改正を行う必要はありません。すでに指摘したように、緊急事態条項のない日本国憲法の下でも「災害対策基本法」が制定されており、大規模な自然災害への対応が可能だからです。ですから、国民のために自然災害への対応をするのは政権のやる気さえあれば可能なのです。もし、その対応が不十分だとすれば、それは日本国憲法の責任ではなく、政権の問題です。

◆現行法にある「武力攻撃災害」

実は、安倍自民党の緊急事態新設の最大の狙いの第一は、大規模自然災害とその対応を口実にして、国会を無視して内閣の政令制定権を行使し、議会制民主主義と三権分立制を否定した内閣優位の政治・行政を実現して基本的人権を不当に制限すること、また、衆参の国政選挙の延期、最悪の場合、延長し続けて国政選挙を行わないことなのです。運用次第では独裁政治が可能になることを忘れてはなりません。

第二は、2012年の「日本国憲法改正草案」にあり、「自民党憲法改正推進本部条文イメージ（たたき台素案）」（2018年3月26日）になかった「我が国に対する外部からの武力攻撃」等でも、緊急事態対応により内閣の政令制定権の行使と国会議員の任期延長を目論んでいるのです。というのは、自民党は「災害」に「武力攻撃」（戦争）を含めて理解しているからです。例えば、国民保護法（武力攻撃事態等における国民の保護のための措置に関する法律）には、「武力攻撃災害」という表現があり、それは「武力攻撃により直接又は間接に生ずる人の死亡又は負傷、火事、爆発、放射性物質の放出その他の人的又は物的災害」と定義されています（第2条第4項）。

つまり、自民党の国会議員の頭では、「災害」とは「武力行使」（戦争）による場合も含まれているのです。ですから、「自民党憲法改正推進本部条文イメージ（たたき台素案）」には、「我が国に対する外部からの武力攻撃」等がなくても、その加憲が成立すれば、「武力行使」（戦争）でも緊急事態対応が憲法上可能だと解釈され、そのように運用されてしまうでしょう。憲法改正の狙いの第二は、この点にあるのです。安倍自民党が憲法上も「戦争できる国家」づくりを目指しているのですから、その場合の憲法上の緊急事態対応を目指しているのは、当然と言えば当然のことなのです。

◆「4項目」改憲ではなく「7項目」改憲

ところで、自民党は2017年衆議院総選挙の公約に「憲法改正について」「自衛隊の明記、教育の無償化・充実強化、緊急事態対応、参議院の合区解消の4項目を中心に」「初めての憲法改正を目指す」と公約に明記し、同党憲法改正推進本部も改憲のテーマを「4項目」と表現してきました。

しかし、条文案上だけではなく改憲の論点としても、自民党憲法改正推進本部の改憲は、決して「4項目」ではないのです。実際には、①国政選挙における〝投票価値の平等〟を犠牲にできる改憲、②道州制を許容する改憲、③第9条を骨抜きにする「第9条の2」改憲、④教育への国家介入を「合憲」にする改憲、⑤私学助成が違憲でもないに改憲、「公の監督」を口実に私立学校への介入を「合憲」にする改憲、⑥緊急事態における内閣への立法権付与の改憲、⑦緊急事態における国政選挙の延期の改憲という7項目が、国民にとっての論点項目なのです。

にもかかわらず自民党が4項目と説明しているのは、憲法改正の国民投票における思惑があるのです。これについては第3部第2章で述べることにしましょう。

第5章　安倍改憲は違憲・無効の改憲です！

第1節　日本国憲法の定める憲法改正の要件

◆硬性憲法

大日本帝国憲法は、主権者天皇のための憲法でしたから、その改正も天皇がその「協賛」機関である帝国議会に求めなければ、手続きが開始されないものでした。そのうえで、帝国議会における手続きは衆議院と貴族院で議員がそれぞれ「総員3分の2以上出席」して「出席議員3分の2以上の多数」で可決して憲法改正が成立することになっていました（第73条）。これは、法律の制定・改廃よりも要件が厳しいので硬性憲法と呼ばれます。

この改正手続きに基づいて「制定」された日本国憲法は、改正手続の要件が大日本帝国憲法よりも更に厳しい硬性憲法です。

まず、①衆議院と参議院が憲法改正案の原案を審議し、「各議院の総議員の3分の2以上の賛成」で「国会」が憲法改正案を「発議」します。すなわち、原案につき、衆議院でも「3分の2以上の賛成」、参議院でも「3分の2以上の賛成」があると、国会が憲法改正案を確定したことになり、それを「国民に提案」することになるのです。

その次に、②国民が国会の提案した憲法改正案を「承認」すれば、憲法改正は成立します。この「承認」

には「国民投票」において「その過半数の賛成」を必要とします（第96条）。つまり、主権者国民が「承認」しなければ憲法改正が成立せず、国会だけでは憲法は改正できないのです。

憲法改正案の原案についての審議の結果として衆議院の結論と参議院の結論が異なる場合でも憲法は両院協議会を予定してはおらず、また、衆議院の議決等を参議院のそれより優先させる、いわゆる「衆議院の優越」もありません（この点は、皇室財産授受についての議決（憲法第8条）と同じです）。

◆憲法改正の各要件についての解説

憲法改正案の原案の提出権については、憲法上議員にしか提出権はないとする立場、議員のほか内閣にも提出権があるとする立場があるのですが、そもそも内閣には憲法改正の権限がないのですから、原案提出権は主権者国民の代表機関である国会の構成員である議員に限定する立場が妥当です。

前述の、国会の発議における各院の「総議員」とは、「欠員を含む法定の議員総数」と理解する立場、「欠員を含まない現在の議員総数」と理解する立場がありますが、「国の最高法規」（憲法98条1項）の改正手続は慎重であるべきですから、「欠員を含む法定の議員総数」と理解すべきです。

前述の、国民投票における「その過半数」とは、「棄権者を含む有権者総数の過半数」と理解する立場、「無効票を含む投票総数の過半数」と理解する立場、「無効票を除く有効投票総数の過半数」と理解する立場（多数説）がありますが、投票である以上棄権者を含む有権者総数と理解することは難しいとしても、憲法改正に積極的な賛成があって初めて国の最高法規である憲法の改正が成立すると考えれば、「無効票を含む投票総数の過半数」と解すべきです。

国民投票が有効に成立するかどうかを決定づける「最低投票率」については、憲法が明文でそれを国民投票の成立要件として記載してはいませんが、国の最高法規の内容を決めるのですから、改憲後にその正当性が問われることがないよう、数少ない国民だけで決めるべきではありませんので、国民投票が有効に成立したと言えるためには、憲法が「最低投票率」を要請していると理解すべきです。国会の発議も一部の国会議員だけでは発議できないのですから、国民投票も同様に理解すべきです。

最低でも主権者国民（有権者）の半数（50％）を超える人々が投票しなければ、国民投票そのものが成立しないと解すべきでしょう。ただし、憲法改正の手続法に、50％を超える最低投票率を設けることは許されるでしょうが、あまりにも高過ぎる（例えば、90％）のは憲法改正を事実上不可能にしてしまうので許されないでしょう。

第2節　「憲法改正の限界」と違憲・無効の改憲

◆「憲法改正の限界」論

では、以上の憲法改正の手続きに基づけば、日本国憲法の内容をどのようにでも変更できるのでしょうか？

主権者国民が判断するのだから限界はなく、どのような改正も許されるという立場もありますが、「憲法改正」には限界があるとする立場が通説であり、私もこの立場が妥当だと考えています。

第一に、そもそも「憲法改正」と「新憲法の制定」とは異なります。「憲法改正」は既存の憲法のアイデンティティーを維持したままでその内容を変更するものですが、「新憲法の制定」は、既存の憲法とは全く別のアイデンティティーの憲法をつくることです。憲法改正の手続きを経た場合でも、憲法のアイデンティティーが変更され、既存の憲法とは全く異質の憲法になってしまうようであれば、それは「新憲法の制定」であって、「憲法改正」とは言えないのです。

第二に、公権力の暴走に歯止めをかける立憲主義の立場をとるのであれば、「憲法改正に限界がある」としなければ、立憲主義が簡単に放棄されかねません。法律の制定・改廃よりも重い要件を憲法改正に課している憲法、すなわち硬性憲法であればなおさらです。

◆日本国憲法の「憲法改正の実体における限界」

では、日本国憲法についての「憲法改正の限界」とは何でしょうか?

まず、日本国憲法の中身の点での限界(実体的限界)としては、日本国憲法の基本原理があげられます。国民主権主義、非軍事平和主義、基本的人権尊重主義の三つのほか、国会を「国権の最高機関」(第41条)とする議会制民主主義と中央集権を否定した地方自治の二つも、基本原理です。

ですから、第一に、象徴天皇制については、「主権の存する日本国民の総意に基く」ことを許していますす(第1条)ので、憲法改正手続きを通じてその廃止を行うことは許されますが、国民主権を君主主権(天皇主権)に戻すこと、象徴天皇に国政に関する権能を付与すること、天皇を元首にすることも、「憲法改正の限界」を超えるので許されません。

第二に、日本国憲法に明記されていない基本的人権を追加することは一般論として許されますが、基本的人権の理念そのものを否定すること、自由権的基本的人権や社会権的基本的人権を公権力の都合で容易に制限できるようにすることは、「憲法改正の限界」を超えるので許されません。人権そのものの本質を変質させ、人権保障を後退させるからです。

第三に、日本国憲法は「戦争」だけではなく「武力の行使」や「武力による威嚇」までも「永久」に「放棄」している（第9条）以上、再軍備し自衛戦争できる国家に戻ることは、「憲法改正の限界」を超えるので許されないと考えるべきです。かりに自衛戦争を肯定することは「憲法改正の限界」内であるとの立場に立ったとしても、他国の戦争に参戦することになる集団的自衛権（他衛権）の行使を認めることは、「専守防衛の枠」を超えると解されますから、「憲法改正の限界」を超えるので許されません。

第四に、議院内閣制を強大な権限を有する大統領制に変更すれば、国会は「国権の最高機関」ではなくなり議会制民主主義を変質させますから、その改正も「憲法改正の限界」を超えるので許されません。

第五に、今の都道府県を廃止する道州制に移行させる改憲は、実質的に地方自治を否定しますし、道州制を許容する改憲も、地方自治を実質的に放棄するに等しいですから、その改正も「憲法改正の限界」を超えるので許されません。

◆日本国憲法の「憲法改正の手続における限界」

次に、憲法改正手続そのものについても、「憲法改正の限界」があります。前述したように日本国国憲法は、硬性憲法です。これを軟性憲法にすることも許されません。硬性憲法そのものが日本国憲法のアイデンティティーですし、憲法改正手続の要件が緩和されれば日本国憲法の基本原理の「改正」も容易になってしまうからです。

ですから、国民投票なしに国会だけで憲法改正が成立するよう憲法改正手続きを「改正」することは「憲法改正の限界」を超えるので許されません。

◆「限界を超えた改正」は違憲・無効

「憲法改正には限界がある」という限界説の立場においては、「限界を超えた改正」は効力をもたず無効となります（ただし限界を超えた憲法変革が実効性をもつに至れば「与えられた法として受けとめるしかない」ので「新しい憲法の制定」となります）。

また、日本国憲法も前文で「人類普遍の原理」に「反する一切の憲法…を排除する」と定めていますから、「憲法改正の限界」を超えることは日本国憲法自身が内在的に禁止していると解すべきです。

したがって、日本国憲法の基本原理等を実質否定する憲法改正は、「憲法改正の限界」を超え、改憲における内在的禁止に反するので、違憲と評され、無効になると解すべきです。

第3節　「自民党憲法改正本部条文イメージ（たたき台素案）」は違憲・無効！

◆第47条と第92条の「条文イメージ」は違憲・無効

では、「自民党憲法改正推進本部条文イメージ（たたき台素案）」（以下「条文イメージ（たたき台素案）」）

は「憲法改正の限界」論から、どう評価されるのでしょうか？

第一に、第47条の「条文イメージ（たたき台素案）」は、衆参の選挙制度（衆議院小選挙区選挙と参議院選挙区選挙）における選挙区の区画の際に〝投票価値の平等〟を犠牲にしても「合憲」にし、また、第92条の「条文イメージ（たたき台素案）」は、道州制の採用も「合憲」にしようとしていますが、これらは、いずれも「憲法改正の限界」を超え違憲・無効です。

日本国憲法は国民主権主義を採用し（前文、第1条）、選挙権を「国民固有の権利」として保障し、男女平等の普通選挙を明記しました（第15条第1項・第3項）。国民主権主義の下での選挙権は主権的人権（権利）ですし、国民主権主義の下で要請されるのは制限選挙ではなく、普通選挙だからです。普通選挙は平等を前提にし、一人一票制を要請しており、したがって、〝投票価値の平等〟が憲法の要請になります（第14条、第15条）。つまり、国民主権の下では〝投票価値の平等〟が当然要請されるのです。したがって、第47条の「条文イメージ（たたき台素案）」が〝投票価値の平等〟を犠牲にしていることは、実質的には普通選挙を後退・否定させているに等しく、国民主権主義では許されません。

また、日本国憲法の「地方自治の本旨」（第92条）は、住民自治と団体自治を要請していますが、住民自治は、地方自治体が広域すぎると、その実現が事実上難しくなりますので、地方自治を採用している日本国憲法は、広域すぎる地方自治体を許容してはいないと解すべきです。したがって、第92条の「条文イメージ（たたき台素案）」が広域すぎる道州制の採用を許容していることは、実質的には地方自治の住民自治を困難にするがゆえに、「憲法改正の限界」を超えるので違憲・無効です。

◆「第9条の2」の「条文イメージ」は違憲・無効

第二に、自衛のための再軍備でさえも「憲法改正の限界」を超えると解する立場に立てば、第9条の2の「条文イメージ（たたき台素案）」は、自衛隊の保持を明記するだけで「憲法改正の限界」を超え違憲・無効と評されます。日本国憲法の平和的生存権の保障を実質的に否定することになり、日本国憲法の平和主義を変質させることになるからです。また、その立場からすれば、第9条の2の「条文イメージ（たたき台素案）」は「他国を衛る権利」である集団的自衛権（他衛権）の行使を「合憲」にする目的で作成されているので、なおさらのこと「憲法改正の限界」を超え違憲・無効です。

自衛のための再軍備は憲法改正の限界内で許容されるとしても「専守防衛の枠」を超える場合は「憲法改正の限界」を超えると解する立場では、第9条の2の「条文イメージ（たたき台素案）」が本当に自衛隊を明記するだけであれば「憲法改正の限界」内で許容されますが、集団的自衛権（他衛権）の行使を「合憲」にする目的で作成されているので、「憲法改正の限界」を超え違憲・無効になります。

◆第26条の「条文イメージ」は違憲・無効

第三に、第26条の「条文イメージ（たたき台素案）」は、教育において国家の介入を「合憲」にしようとしており、この点で違憲・無効です。日本国憲法は、社会権の保障の一つとして「教育を受ける権利」（第26条）を保障していますが、これは国家が学校の教育内容に介入することを許容してはいません。日本国憲法は自由権の保障として学問の自由の保障を通じて教育（教授）の自由を保障している（第23条）ので、なおさらのことです。

言い換えれば、日本国憲法は教育を受ける権利と学問・教育の自由という両人権を保障している（ただし教育の自由は教育を受ける権利と調整されるときには内在的制約を受けます）ので、第26条の「条文イメージ（たたき台素案）」が教育において国家の介入を許容していることは、「国家からの自由」としての学問・教育の自由の保障と「教育を受ける権利」の保障を後退させます。これは自民党が基本的人権を実質的に否定しているからでしょう。この点は天賦人権説を否定する自民党「日本国憲法改正草案」（2012年）と同じ立場だからです（参照、上脇『日本国憲法の真価と改憲論の正体』日本機関紙出版センター・2017年179頁以下）。したがって「憲法改正の限界」を超えるので違憲・無効です。

公費の支出を規定している第89条の「条文イメージ（たたき台素案）」そのものは違憲とは評しえないでしょうが、そもそも高額の税金を費やして改憲する必要があるとは思えません。しかし、第26条改憲とセットとなると、「公の監督」を口実にして国家が学校教育に介入することを容易にするので、「憲法改正の限界」を超え、違憲・無効です。

◆「第73条の2」および「第64条の2」の各「条文イメージ」は違憲・無効

第四に、第73条の2および第64条の2の「条文イメージ（たたき台素案）」は、必要のない緊急事態条項を新設していますので、いずれも「憲法改正の限界」を超え違憲・無効です。第73条の2の「条文イメージ（たたき台素案）」は、内閣に立法権を付与しており、「国の唯一の立法機関」である国会を前提にした三権分立制を実質的に否定し、かつ、基本的人権を不当に制限することを許容しているので、日本国憲法の三権分立制と基本的人権の保障を変質させているからです。

また、第64条の2の「条文イメージ（たたき台素案）」は、衆参の国政選挙の実施を先延ばしし、運用次第では主権者国民から国政選挙を奪うことになるので、「憲法改正の限界」を超え違憲・無効です。独裁政治への歯止めをなくし、事実上の独裁政治を許容しかねず、立憲主義を骨抜きにすることになり、国民主権主義と議会制民主主義を実質的に否定していることになるからです。

◆裁判所は違憲・無効とすべき！

以上のように自民党憲法改正推進本部の「条文イメージ（たたき台素案）」は、日本国憲法の基本原理の一部を本質的に後退させ変質させているので、「憲法改正の限界」を超えるもので、違憲の憲法破壊です。たとえ憲法改正手続きを経たとしても決して許さるものではありません。

ですから、万が一その改憲が成立し、かつ、その効力が裁判所で問われうることになれば、裁判所は違憲・無効と判示しなければなりません。

第3部

憲法改正手続法の欠陥と公平・公正でない広報資金

第1章　憲法改正手続法の重大な問題点

第1節　憲法改正手続法の内容上の問題点

◆憲法改正手続法の制定・施行と憲法改正原案の提出権

明文の憲法改正のための手続法（国民投票法を含む）である「日本国憲法の改正手続に関する法律」（以下「憲法改正手続法」という）は、２００７年5月14日に成立し、同年5月18日に公布されました（２０１０年5月18日から全面施行）。同法に基づき衆議院と参議院には、それぞれ憲法審査会が設置されました。

憲法改正手続法は、内閣には憲法改正原案の提出権を認めていません。日本国憲法は内閣に発議権を認めていないと解すべきですから、これは妥当です。

議員には、憲法改正原案の提出権を認めていますが、一人だけでは提出できず、議員は、衆議院では議員１００名以上、参議院では議員50名以上の賛成を必要としています（国会法第68条の2）。修正の動議を提出する場合もこれと同じ賛成を必要としています（同第68条の4）。ここでいう「１００名」「50名」という数字に客観的で合理的な理由があるわけではありません。衆参の議員定数が減員されても、それらは減じられていません。

そのほか、衆参の各憲法審査会にも提出権を認めています（同第１０２条の7）。

しかし、前述したように、衆議院の小選挙区選挙と参議院の選挙区選挙は民意を歪曲し改憲政党・自民党を過剰代表させますので、それらを廃止し、いずれも無所属の立候補を保障した完全比例代表制に改めるべきです。その改革なしに憲法改正の国会発議がなされるべきではありません。

◆「総議員の過半数」の母数＝法定議員数と両院の意見が異なる場合と

憲法改正案の原案は各憲法審査会で審査され、「国会の最後の可決」をもって国民に提案されます（同第68条の5第1項）が、この「可決」については、特に要件が定められていません。各院本会議での「総議員」については、「法定議員数」とする先例があります。

憲法第96条の定める「各議院の総議員の3分の2以上の賛成」とは、欠員を含む「法定議員の3分の2以上の賛成」であると理解する立場からすると、もし、この先例に従わず、欠員を含まない「現在の議員数」を母数にすることがあるようであれば、違憲になります。

また、衆議院と参議院の両院の意見が異なる場合について現行法は、両院協議会、合同審査会の開催を認めています（国会法86条の2、102条の8）が、日本国憲法はそれを明記していませんし、各院の自律性を侵害することになるので違憲ではないでしょうか。

◆短期間すぎる国会発議から国民投票まで

さらに憲法改正手続法の問題としては、国会による発議から国民投票までの期間があまりにも短すぎることが指摘できます。「国民投票は、国会が憲法改正を発議した日から起算して60日以後180日以内において、国会の議決した期日に行う。」と定められています（憲法改正手続法第2条）。つまり、最長でも180日（6カ月）、最短では60日（2カ月）しかないのです。

憲法の内容を変更する場合には、主権者国民全員がその変更の内容を正確に理解し、かつ主権者国民が改正の是非を議論・検討する必要がありますので、それには、十分な期間が必要です。しかし、最短2カ月、最長でも6カ月という期間では、国民投票までの期間としては短すぎます。日本国憲法の実質的な全面改正が行われる場合や日本国憲法の基本原理に関係する改正が行われる場合であれば、なおさらのことです。日本国憲法は、補則を除いても99条ありますが、その全面改正が行われれば、それと同じくらいの条文になるでしょう。現に自民党の「日本国憲法改正草案」（2012年）は日本国憲法の条項よりも多くなっています。

単なる文言を形式的に改め憲法の内容が実質的に変更されない場合であれば、短期間でも問題がないでしょうが、一見形式的な変更であっても憲法の内容が実質的に変更される場合や、名実共に憲法の内容が変更されるような場合には、憲法改正案の条項の一つ一つにつき、国民一人ひとりが十分理解し、じっくり議論し検討するとなれば、6カ月程度ではあまりにも短すぎます。国民が全文改正される内容を正確に理解せず、かつ十分な議論をしないまま国民投票をするようでは、禍根を残します。

この点は、全文改正ではなく、一部改正の場合であっても同じです。本書で取り上げた「4項目」改憲の本音を国民全体が知るには6カ月でも足りないでしょう。また、「第9条の2」の加憲だけであっても、あるいは緊急事態条項の新設（加憲）だけであっても、日本国憲法の重大な変更になるので、6カ月では短すぎるでしょう。

◆国民投票における規定の重大な欠陥

前述の日本国憲法の定めや憲法改正手続法によると、憲法改正の「国会の発議」がなされた後に「国民投票」が行われますが、この国民投票そのものが有効なものとして成立し、憲法改正も形式的に有効なものとして成立させるためには、「最低投票率」を充足することを要件にすべきです。国民の極少数だけで国の最高法規の変更が強行されてしまわないようにするためです。最低でも50％の最低投票率を設けるべきでしょう。

国民投票の投票用紙

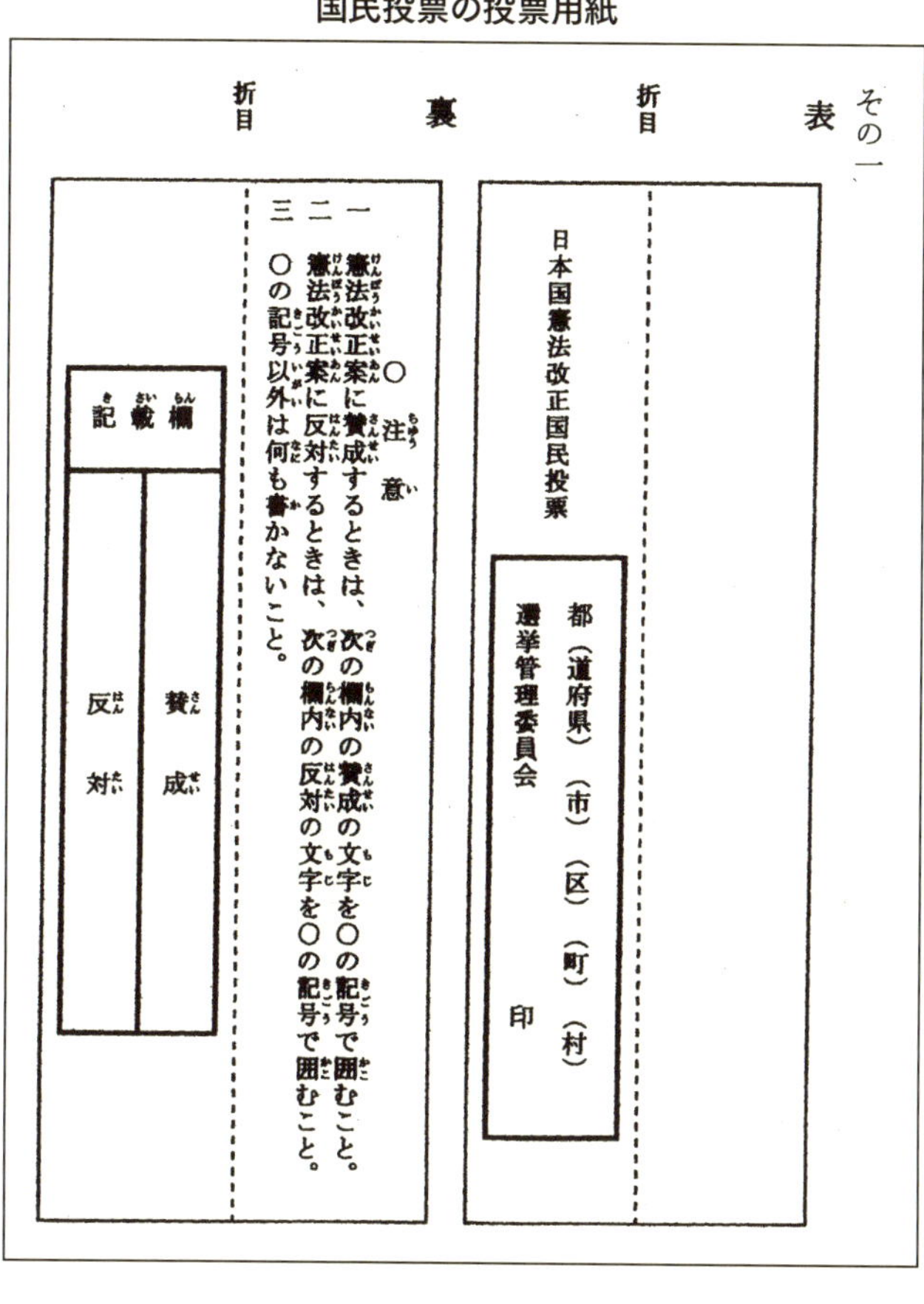

しかし、現行の憲法改正手続法は最低投票率を制度化していません。これでは、判断に迷って投票しなかった国民が不満を抱くでしょう。

また、現行の憲法改正手続法によると、投票人は、投票所において、国会発議された個々の憲法改正案毎に、賛成するか、反対するかのいずれかの投票をします（憲法改正手続法第57条～第59条）。そして、同法は、個々の憲法改正案に対する各国民投票で「有効投票の総数の2分の1を超えた場合」には「国民の承認」があったものとされています（第126条第1項）。

しかし、日本国憲法は「投票総数」を母数にしている（「投票総数の2分の1を超えた場合」）と理解する立場からすると、憲法改正手続法はその要件を緩和していることになり、これも問題で違憲です。

◆憲法改正の限界を超えた場合の無効訴訟は提起できない!?

そもそも憲法改正は「新しい憲法の制定」とは異なります。既存の憲法の同一性（アイデンティティー）を維持していなければ、憲法改正とはいえません。アイデンティティーが変わってしまえば「新憲法の制定」になってしまうからです。したがって、憲法改正には内容の点で限界があると解する立場が妥当であり、その限界を超えたものは違憲であり無効なのです。

「憲法改正の限界」を超えた「憲法改正」が行われた場合、それが違憲であり無効であると訴訟で争えないといけませんが、現行の憲法改正手続法には、このような訴訟を認める明文の規定はありません。そうであれば、この点で同法は違憲ということになります。

国民投票に関し異議がある投票人は「告示の日から30日以内、東京高等裁判所に」訴訟を提起することができます（同第127条）が、同裁判所が国民投票を「無効」と判決できるのは「国民投票の結果（憲法改正案に対する賛成の投票の数が……投票総数の2分の1を超えること又は超えないことをいう。……）に異動を及ぼすおそれがあるとき」に限定されている（同第128条）ため、文言上、「憲法改正の限界」を超えた場合の訴訟提起を含んでいるとは読めそうにありません。裁判所（東京高裁）がそのような訴訟を認める解釈をすれば良いのですが、そう解釈するとは限りません。

また、国民投票については前述した限りではあるものの無効として裁判所で争うことを認めていますが、国会の発議については裁判所でその効力を争うことを明記していませんので、この点も争えないのであれば、違憲になります。

◆欠陥法は廃止すべき

この憲法改正手続法には附帯決議があり、付帯事項は18もありました。このことが示唆しているように同法は論点を十分議論し納得できる結論を出したものではなく、欠陥法として出発したのです。同法は、部分的に違憲であり、あるいはまた重大な欠陥が存在していますから、少なくとも前述の全ての問題点が改められないのであれば、現行の憲法改正手続法は廃止されるべきです。

第2節　憲法改正国民投票法の運用上の問題

◆国政選挙と憲法改正国民投票との同日期日は原則として回避されるべき

日本国憲法は国会が発議した後、国民の承認が必要だとし、「この承認には、特別の国民投票又は国会の定める選挙の際行はれる投票において、その過半数の賛成を必要とする。」と定めています（第96

条）ので、憲法改正国民投票の期日（投票日）が、選挙とは無関係に行われる「特別の国民投票」日になる場合のほか、「国会の定める選挙の際行はれる投票」日になることを許容していることになります。ですから、憲法改正国民投票の投票日が例えば衆参の国政選挙の投票日と同日になること（同日期日）を日本国憲法は明文で許容していることになります。

国会法は、「憲法改正の発議に係る国民投票の期日は、当該発議後速やかに、国会の議決でこれを定める。」（第68条の6）と、憲法改正手続法は「国民投票は、……国会の議決した期日に行う。」と（第2条）、それぞれ定めていますから、憲法改正国民投票の期日（投票日）は国会が決めることになっています。言い換えれば、内閣・政府にはその期日を決める権限はないことになります。

そうすると、憲法改正国民投票の期日を選挙の投票日（同日期日）にするのか、それとも、選挙のない時にするのかを決定できるのは、国会だけが判断できることになります。衆議院議員の任期は4年、参議院議員の任期は6年で半数改選なので3年ごとに選挙が行われますから、任期満了の場合の選挙時期・投票日は公職選挙法で事前にほぼわかっています（第31条第1項、第32条第1項）。国会は、選挙の時期と同じになるよう憲法改正国民投票の期日を決めること（同日期日）はできます。ですから、例えば衆参のいずれかの国政選挙の投票日と同日になるよう国会が判断することは憲法上許容されることになります。

もっとも、日本国憲法が常に同日期日を許容していると解釈することには無理があります。というのは、日本国憲法は国の最高法規ですし、主権者国民は国会が発議した憲法改正案がどのような内容であり、憲法改正案が成立すれば日本国憲法がどのように変更されるのかを正しく理解し、憲法改正案の成立の是非を慎重に判断する必要がありますから、争点が多くなってしまう国政選挙との同日期日は、正確な理解と慎重な判断を妨げる危険性があるので、できるだけ回避されるべきです。

ですから、最低投票率の定めがあるもとで、かつ、①憲法改正案が「てにをは」等を変更するような軽微なものである場合、②国会の発議がほぼ全会一致でなされた場合には、国会が同日期日を決定しても日本国憲法は許容しているでしょう。というのは、それらの場合には、国民の関心が薄くなり憲法改正国民投票の投票率が低いと成立しないと予想できるので、投票率を高めるために国会が同日期日を決定することはやむを得ないからです。また、それらの場合、国庫からの支出額も節約できます。

しかし、それら例外的な場合以外には、国会が同日期日を決定するのは憲法上許容されないでしょう。

◆内閣が決定する衆議院総選挙との同日期日は違憲

また国会が、同日期日を決定せず回避して憲法改正国民投票の期日を決定したにもかかわらず、内閣が公職選挙法の定め（第31条第3項）を踏まえ、衆議院を解散して総選挙の投票を国民投票と同日にすることは、内閣に国民投票期日の決定権限がない以上、憲法違反です。

第2章　国民投票で「7項目」を「4項目」にする自民党の思惑

第1節　憲法改正案の「内容において関連する事項ごとに区分」

◆「内容において関連する事項ごとに区分して」

憲法改正手続法によると、議員が日本国憲法の改正案（「憲法改正案」）の原案（「憲法改正原案」）を国会に提出する場合、「内容において関連する事項ごとに区分して行うものとする」となっており（第68条の2、第68条の3）、「投票は、国民投票に係る憲法改正案ごとに、一人一票に限る。」と明記され（第47条）、「投票人は、……憲法改正案に対し賛成するときは投票用紙に印刷された賛成の文字を囲んで○の記号を自書し、憲法改正案に対し反対するときは投票用紙に印刷された反対の文字を囲んで○の記号を自書し、これを投票箱に入れなければならない。」と定めています（第57条第1項）。

つまり、議員が憲法改正原案を国会に発議する場合、「内容において関連する事項ごとに区分して行う」ことになり、それが国会の手続きに基づき「憲法改正案」となり、国民に発議されれば、国民（投票人）は、「国民投票に係る憲法改正案ごとに」投票し、その「憲法改正案ごとに」賛成か反対かの投票をするのです。

◆「区分」の判断基準

このように憲法改正の国民投票が「内容において関連する事項ごとに区分して」行なわれることについては、合理的である場合もある一方、複数の条文案とその論点を提案者の思惑で強引に「関連する」と一緒に「区分」し、国民にそれを一つの憲法改正案として提案される場合も考えられます。

例えば、日本国憲法は議院内閣制を採用していますが、議院内閣制を廃止して大統領制へと変更する憲法改正案を国民に提案する場合、議院内閣制に関する現行条文の削除案と大統領制に関する条文案を一緒に提案する方が合理的です。もし別々に提案して、議院内閣制を廃止する憲法改正案の一部が成立せず、大統領制の憲法改正案が成立した場合、改正された日本国憲法は議院内閣制の条文と大統領制の条文が混在し、矛盾が生じるからです。

しかし一方、大統領制に変更する場合であっても、大統領制の権限については、強大なものにするのか、それとも強大でないものにするのか、国民が判断できなければなりません。ですから、大統領制に関する条文案が全て「関連する」として一緒に「区分」され、国民にそれを一つの憲法改正案として提案されるべきであるとは言い切れません。分けて「区分」されるべきです。しかし、一緒の憲法改正案とされることが懸念されます。

議院内閣制と大統領制を共存させる改憲もありますが、その場合も、同様の懸念が生じます。

「内容において関連する事項ごと」の「区分」であるかどうかをいかに客観的に判断するのか、国民投票する主権者の立場に立った「区分」の基準の確認がなされるべきです。

参議院の日本国憲法に関する調査特別委員会の「日本国憲法の改正手続に関する法律案に対する附帯決議」（2007年5月11日）は、「憲法改正原案の発議に当たり、内容に関する関連性の判断は、その判断基準を明らかにするとともに、外部有識者の意見も踏まえ、適切かつ慎重に行うこと」を明記していました。

しかし、自民党が消極的であるため、国会ではその判断基準についての議論は進んでいません。

したがって、一緒に「区分」すべきではないにもかかわらず、憲法改正案を提案する側の都合で「関連する」として二つ以上のものが一緒にされ「区分」される危惧は払拭されてはいないのです。

第2節　自民党が「7項目」改憲案を「4項目」に区分する思惑

◆自民党の第47条案と第92条案は別個でも矛盾は生じない

自民党は、私の危惧する通り、二つに分けられて「区分」されるべき憲法改正案を「内容において関連する事項」と言い張り、一緒にして「区分」を行うつもりのようです。

すでに指摘したように、自民党は、参議院選挙における現在の「合区」を解消することを口実にして日本国憲法第47条の憲法改正を目指しています。また、その改憲において「広域の地方公共団体」という文言を盛り込むので、それに合わせて同じ文言を盛り込む日本国憲法第92条の憲法改正を目指しています。そして、両条文案を「内容において関連する」として一緒の憲法改正案にして国民に提案する可能性が高いようです。このことは、自民党憲法改正推進本部条文イメージ（たたき台素案）（2018年3月26日）が両者を一緒にしていることから推察できます。

しかし、すでに指摘したように、第47条と第92条の両条文案においては、確かに「広域の地方公共団体」

自民党憲法改正推進本部条文イメージ（たたき台素案）2018年3月26日

第47条　両議院の議員の選挙について、選挙区を設けるときは、人口を基本とし、行政区画、地域的な一体性、地勢等を総合的に勘案して、選挙区及び各選挙区において選挙すべき議員の数を定めるものとする。参議院議員の全部又は一部の選挙について、広域の地方公共団体のそれぞれの区域を選挙区とする場合には、改選ごとに各選挙区において少なくとも一人を選挙すべきものとすることができる。
2　前項に定めるもののほか、選挙区、投票の方法その他両議院の議員の選挙に関する事項は、法律でこれを定める。
第92条　地方公共団体は、基礎的な地方公共団体及びこれを包括する広域の地方公共団体とすることを基本とし、その種類並びに組織及び運営に関する事項は、地方自治の本旨に基づいて、法律でこれを定める。

という表現がありますが、一方が賛成多数で成立し、もう一方は反対多数で不成立になっても、全く矛盾は生じません。ですから、別々の憲法改正案として国民に提案し、別々に憲法改正国民投票に付して国民に賛否を判断させても何ら問題はありません。

◆第47条案と第92条案を一緒に「区分」する思惑

にもかかわらず、自民党は、両条文が「内容において関連する事項」として一緒の憲法改正案にして国民に提案しようとしていることには、重大な思惑があるのでしょう。

その思惑とは、参議院の選挙区選挙における「合区」解消のために憲法改正する必要がないことを国民に隠し、「合区」解消のためには両条文案に「広域の地方公共団体」という表現を盛り込む必要があると国民に思い込ませて、国民に両条文の憲法改正案を一緒に賛成させて、違憲の衆議院の小選挙区選挙と参議院の選挙区選挙を温存し投票価値の不平等（議員定数不均衡）を「合憲」にするという本音と、将来、都道府県を廃止し道州制を採用しても「合憲」になるという本音を実現することでしょう。

言い換えれば、両者を別々に「区分」して、それぞれを国民投票に付託すれば、第47条改憲案が投票価値の不平等を「合憲」にするという自民党の本音と、第92条改憲案が道州制を「合憲」にするという本音を国民の多くに見破られてしまい、改憲に失敗すると考えているのではないでしょうか。だから、国民の多くに本音を見破られないようにするために両者を一緒に「区分」し改憲を達成しようとしているのでしょう。

◆自民党の第26条案と第89条は別個でも矛盾は生じない

また、すでに指摘したように、自民党は、「高等教育の無償」を口実にして日本国憲法第26条の憲法改正を目指しています。また、私学助成を「合憲」にすることを口実にして日本国憲法第89条の憲法改正を目指しています。そして、両条文案を「内容において関連する」として一緒の憲法改正案にして国民に提案する可能性が高いようです。このことは、自民党憲法改正推進本部条文イメージ（たたき台素案）（2018年3月26日）が両者を一緒に解説していることから推察できます。

しかし、自民党の第26条と第89条の両条文案は、確かに「教育」という点では共通していますが、一方が賛成多数で成立し、もう一方は反対多数で不成立になっても、全く矛盾は生じません。ですから、別々の憲法改正案として国民に提案し、別々に憲法改正国民投票に付して国民に賛否を判断させても何ら問題はありません。

自民党憲法改正推進本部条文イメージ（たたき台素案）2018年3月26日
第26条　①・②　（現行のまま） ③　国は、教育が国民一人一人の人格の完成を目指し、その幸福の追求に欠くことのできないものであり、かつ、国の未来を切り拓く上で極めて重要な役割を担うものであることに鑑み、各個人の経済的理由にかかわらず教育を受ける機会を確保することを含め、教育環境の整備に努めなければならない。
第89条　公金その他の公の財産は、宗教上の組織若しくは団体の使用、便益若しくは維持のため、又は公の監督が及ばない慈善、教育若しくは博愛の事業に対し、これを支出し、又はその利用に供してはならない。

◆第26条案と第89条案を一緒に「区分」する思惑

にもかかわらず、両条文が「内容において関連する事項」として一緒に「区分」した憲法改正案を国民に提案しようとしていることにも、重大な思惑があるのでしょう。

その思惑とは、「高等教育の無償化」を実現するために憲法改正する必要がないことや、私学助成は現行憲法下で違憲ではなく憲法改正する必要がないことを隠し、「高等教育の無償化」と私学助成の「合憲」化のためには憲法改正が必要だと国民に思い込ませ、「教育」という点で両条文案が共通していることを口実に、両条文案を「内容において関連する事項」として一緒に「区分」した憲法改正案にして国民に提案する必要があると思い込ませて、国民に両条文の憲法改正案を一緒に賛成させて、私立学校を含む学校教育に国家が介入するという本音を実現することなのでしょう。

言い換えれば、両者を別々に「区分」して、それぞれを国民投票に付託すれば、第26条改憲案が教育に国家が介入することを「合憲」にするという自民党の本音を国民の多くに見破られてしまい、改憲に失敗すると考えているのではないでしょうか。だから、国民の多くに本音を見破られないようにするために両者を一緒に「区分」し改憲を達成しようとしているのでしょう。

◆自民党の第73条の2と第64条の2は別個でも矛盾は生じない

さらに、すでに指摘したように、自民党は、大規模な自然災害に対応することを口実にして日本国憲法に「第73条の2」と「第64条の2」という二つの緊急事態条項を新たに加える憲法改正を目指しています。そして、自民党は、両条文案を「内容において関連する」として一緒の憲法改正案にして国民に提案する可能性が高いようです。このことは、自民党憲法改正推進本部条文イメージ（たたき台素案）（2018年3月26日）が両者を一緒にしていることから推察できます。

しかし、「第73条の2」と「第64条の2」の両条文案は、確かに緊急事態条項という点では共通していますが、両条文案は、自民党内でそれぞれの主張を一緒にまとめただけですし、一方が賛成多数で成立し、もう一方は反対多数で不成立になっても、全く矛盾は生じません。ですから、別々の憲法改正案として国民に提案し、別々に憲法改正国民投票に付して国民に賛否を判断させても何ら問題はありません。

◆「第73条の2」と「第64条の2」を一緒に「区分」する思惑

にもかかわらず、両条文が「内容において関連する事項」として一緒に「区分」した憲法改正案を国民に提案しようとしていることにも、重大な思惑があるのでしょう。

その思惑とは、大規模な自然災害に対応するために憲法改正する必要がないことを隠し、当該対応

自民党憲法改正推進本部条文イメージ（たたき台素案）2018年3月26日
第73条の2　大地震その他の異常かつ大規模な災害により、国会による法律の制定を待ついとまがないと認める特別の事情があるときは、内閣は、法律で定めるところにより、国民の生命、身体及び財産を保護するため、政令を制定することができる。 ②内閣は、前項の政令を制定したときは、前項の政令又法律で定めるところにより、速やかに国会の承認を求めなければならない。 （※内閣の事務を定める第73条の次に追加） 第64条の2　大地震その他の異常かつ大規模な災害により、衆議院議員の総選挙又は参議院議員の通常選挙の適正な実施が困難であると認めるときは、国会は、法律で定めるところにより、各議院の出席議員の3分の2以上の多数で、その任期の特例を定めることができる。 （※国会の章の末尾に特例規定として追加）

のためには憲法改正が必要だと国民に思い込ませ、「緊急事態対応」という点で両条文案が共通していることを口実にして両条文案を「内容において関連する事項」として一緒に「区分」した憲法改正案を国民に提案する必要があると思い込ませて、国民に両条文の憲法改正案を一緒に賛成させて、大規模な自然災害の場合だけではなく武力行使（戦争）の場合にも、国会を「国の唯一の立法機関」とする条文を骨抜きにし、内閣が法律に反し人権を侵害する政令を制定することを「合憲」にして内閣も立法機関にし三権分立制を実質的に否定するという本音や、政府・与党の都合で衆参の国政選挙の実施を延期することを「合憲」にするという本音を実現し、最悪の運用により独裁国家を実現するという本音を実現することなのでしょう。

◆安倍自民党「4項目」改憲は「7項目」改憲で、全て不成立でも支障はない

以上のようにみてくると、安倍自民党のいう「4項

目」改憲は、すでに指摘したように国民にとっては「7項目」改憲ですが、この「7項目」改憲を「内容において関連する事項ごとに区分して」という規定を都合良く利用して「4項目」改憲と言い張ることを通じて、改憲の本音を実現するという自民党の思惑が見えてきます。

日本国憲法の立場を正確に理解すれば、参議院の選挙区選挙の「合区」を解消するために憲法改正をする必要がありませんし、「高等教育の無償化」や私学助成の「合憲」化のために憲法改正をする必要もありません。また、大規模な自然災害に対応するためにも憲法改正する必要はありません。さらに言えば、今のところ自衛隊を違憲とする政権が誕生する可能性が高くない以上、自衛隊を「合憲」にするために憲法改正をする必要はありません。

ですから、安倍自民党「4項目」改憲案は、すべて反対し不成立になっても、何ら支障は生じません。むしろ、安倍自民党の建前を実現するのであれば、衆参の〝投票価値の平等〟と参議院選挙区選挙の「合区」解消の両方を日本国憲法の下で実現する政権を誕生させればいいのです。「高等教育の無償化」や私学助成の増額の両方を日本国憲法の下で実現する政権を誕生させればいいのです。日本国憲法の下で大規模自然災害に迅速かつ効果的に対応する政権を誕生させればいいのです。日本国憲法の下で、最低限「専守防衛」の方針に戻し、安保関連法という戦争法の廃止を実現する政権を誕生させればいいのです。

◆本音としては「1項目」

安倍政権はそれらを実現する気が全くないからです。

安倍「4項目」改憲の本音に注目すると、全てが「内容において関連する事項」と理解できます。すなわち、安倍自民党が日本国を「戦争できる国」に変質させるためには、他衛権である集団的自衛権を「合憲」にする改憲が必要ですし、「戦争できる国家」は、議会制民主主義や地方自治を実質否定するために内閣に強大な権限を付与し、国政選挙を先延ばしできる緊急事態の加憲や、都道府県を廃止し道州制を「合憲」にする改憲が必要ですし、また将来の国民を、戦争に反対しない国民や戦争に協力する国民へとマインドコントロールするために自民党政権が学校教育に介入することを「合憲」にする改憲が必要ですし、さらに、以上の目的を強行するためには安倍自民党ら「戦争する国家」づくりを目指す右翼勢力が衆参各院で「3分の2」以上の議席を獲得できる衆議院小選挙区選挙・参議院選挙区選挙を維持するために〝投票価値の平等〟を犠牲にしても「合憲」になる改憲が必要なのでしょう。

ですから、安倍自民党の本音に注目すると、「4項目」は「内容において関連する事項」として一つに「区分」することも不可能ではないのです。

第3章 〝公平〟ではない巨額の広告・広報費投入のおそれ

第1節　公費による広報（公報）活動と有料広告規制の有無

◆国民投票公報協議会

憲法改正手続法によると、国会が発議した憲法改正案等についての公報活動には、複数の方法が予定されていますが、その説明をする前に、公報活動において重要な事務を行う「国民投票公報協議会」について説明しておきます。

憲法改正手続法によると、「国民投票公報協議会」は、衆参国会議員各10人で構成され、原則として「（その）委員は、各議院における各会派の所属議員数の比率により、各会派に割り当て選任する」ことになっています（第11条、第12条第2項・第3項）。

◆公費による広報（公報）活動

憲法改正案等についての公費による公報活動の第一は、市町村選挙管理委員会による「投票記載所における憲法改正案及びその要旨の掲示」です（憲法改正手続法第14条第1項第2号、第65条第4項、同条第1項）。

第二は、「国民投票公報協議会」が作成した「国民投票公報」を投票人に対し配布することです。憲法改正手続法によると、「国民投票公報協議会」は、「憲法改正案及びその要旨並びに憲法改正案に係る新旧対照表その他参考となるべき事項に関する分かりやすい説明並びに憲法改正案を発議するに当たって出された賛成意見及び反対意見を掲載した国民投票公報の原稿の作成」を行い（第14条第1項第1号）、市町村選挙管理員会は「国民投票公報」を「投票人名簿に登録された者の属する各世帯に対して、選挙の期日前10日までに、配布する」のです（第18条）。

第三は、国民投票公報協議会がラジオ放送又はテレビジョン放送、新聞広告により憲法改正案及びその要旨等の広報を行います。憲法改正手続法によると、衆参国会議員各10人で構成される「国民投票公報協議会」は、「日本放送協会及び一般放送事業者のラジオ放送又はテレビジョン放送（……）の放送設備により、憲法改正案の広報のための放送」をします（第14条第1項第3号、第106条第1項）。この場合の「放送」は、「国民投票広報協議会が行う憲法改正案及びその要旨その他参考となるべき事項の広報並びに憲法改正案に対する賛成の政党等（……）及び反対の政党等が行う意見の広告からなるもの」です（第106条第2項）。

このような「放送」の場合、「政党等」は、「両議院の議長が協議して定めるところにより、憲法改正案に対する賛成又は反対の意見を無料で放送することができ」、「この場合において、日本放送協会及び一般放送事業者は、政党等が録音し、又は録画した意見をそのまま放送しなければならない」のです（同条第4項）。また、「政党等」は、「（その）意見の放送のための録音又は録画を無料ですることができ（同条第5項）、「（その）放送に関しては、憲法改正案に対する賛成の政党等及び反対の政党等の双方に対して同一の時間数及び同等の時間帯を与える等同等の利便を提供しなければならない」のです（同条第6項）。

以上のことは、「国民投票広報協議会」が「新聞に、憲法改正案の広報のための広告をする」場合にも基本的に妥当します（第107条）。

◆「国民投票運動のための有料広告」は原則自由

以上の三つの公報活動については、一応、法律上は概ね公正・中立・平等ですが、その運用次第では不公正・不平等なものになる可能性があるので、注意を要します。

問題になるのは第4の「広告・広報」です。その第一は「国民投票運動のための有料広告」です。

憲法改正国民投票法によると「憲法改正案に対し賛成又は反対の投票をし又はしないよう勧誘する行為」が「国民投票運動」であり（第100条の2）、同法は、「何人も、国民投票の期日前14日に当たる日から国民投票の期日までの間においては、……一般放送事業者等の放送設備を使用して、国民投票運動のための広告放送をし、又はさせることができない。」と定めてます（第105条）。

これは、「国民投票の期日前14日に当たる日から国民投票の期日までの間」の「国民投票運動のための広告放送」を禁止しているわけですが、裏を返せば、その期間以外は、原則として「何人も」「国民投票運動のための広告放送」を行えるのです。

ここで重要なことは、「広告放送」の回数制限も一切なく、そのために費やされる金額に対する制限も一切ないことです。言い換えれば、「国民投票の期日前14日に当たる日」の前であれば、「国民投票運動のための広告放送」を何回でも行えますし、巨額のカネを費やして行うことも禁止されてはおらず許されているのです。

◆憲法改正意見表明行為は無制限

「憲法改正案に対し賛成又は反対の投票をし又はしないよう勧誘する行為」が「国民投票運動」ですから、当該「勧誘」をしない行為、すなわち、例えば、「憲法改正案に対し賛成又は反対の意見を表明する行為」、「憲法改正案に対し賛成又は反対の投票をすると宣言する行為」あるいは「憲法改正の国民投票が成功することを祈りますと述べる行為」（これらを「憲法改正意見表明行為」という）は、「国民投票運動」ではないことになるので、「国民投票の期日前14日に当たる日から国民投票の期日までの間」であっても広告放送することは禁止されないことになります。

◆有料の「新聞」「雑誌」「インターネット」広告は一切無制限

また、有料の「新聞」「雑誌」「インターネット」広告については、「国民投票運動」であっても、「憲法改正意見表明行為」であっても、一切規制はありませんので法的には無制限です。

第2節　〝公平性の確保〟のためのCM放送規制を求める動き

◆事実上不公平になる国民投票運動のCM放送

以上の説明で明らかなように、国民投票運動は、公職選挙法の規制する選挙運動活動と違い、原則自由で、制限はほとんどありません。また、憲法改正意見表明行為には全く制限がありません。

そうなると、改憲賛成派と改憲反対派の間で国民投票運動と憲法改正意見表明行為としての広報活動、とりわけCM放送が不公平になる可能性が高いでしょう。というのは、国民投票運動の開始時期を事実上決定するのは、国会で多数の議席を占め、強行採決のスケジュールを決めることのできる改憲賛成派だからです。

改憲反対派は、改憲賛成派が国民投票運動のCM放送の準備をしている時期に、国会での発議の阻止のための運動に専念していることでしょう。国会発議を予定して国民投票運動のCM放送のための資金を集めるなどの準備が後れてしまうと予想されます。事前に資金を集めた場合、改憲の国会発議を阻止できれば、その資金の使いようがなくなると思ってしまえば、なおさらです。

参議院の日本国憲法に関する調査特別委員会の「日本国憲法の改正手続に関する法律案に対する附帯決議」（2007年5月11日）は、「テレビ・ラジオの有料広告規制については、公平性を確保するためのメディア関係者の自主的な努力を尊重するとともに、本法施行までに必要な検討を加えること」と明記していましたが、国会（衆参の憲法審査会）ではその議論は進んできませんでした。

◆「国民投票のルール改善を考え求める会」の提案（2017年2月15日）

そこで、「国民投票のルール改善（国民投票法の改正）を考え求める会」は、2017年2月15日、「投票対象となっている案件について、主権者の多数が理性的な認識に基づく一票を投じる国民投票にすべきで、それを阻んだり逆行したりするルールにはしない。」「護憲・改憲、賛成・反対どちらかに著しく有利なルールにしない。できるかぎり公平なルール設定にする。」という立場に立ち、「賛成に投票してください」といった賛否の投票を訴える国民投票運動における「テレビのスポットCM」につき「公平性の確保」をするための「ルール改善」を求めました。具体的には、次のように二つの選択肢を提案しています。

［オプションA］は、「テレビCMを全面的に禁止する。現行法に記してある投票日前14日間の禁止のみならず、憲法改正の国会発議がなされた時からテレビCMは一切流してはならないとする。」というもの。

［オプションB］は、「現行法に記してある投票日前14日間のテレビCM禁止規定は残す。それ以前のテレビCMについては、憲法改正の国会発議がなされた翌日から（投票日の15日前まで）放送可能とするが、賛否各派の代表団体（憲法改正案に賛成した政党等、反対した政党等が指名した団体）が作ったCMを、NHK及び民間放送連盟が定める基準、条件に従って、同じ放送局の同じ時間帯に同じ本数、分量を流すこととする。」「このCM放送にかかる費用は、国が広告代理店、もしくは放送局に支払う」が、「ただし、CM制作にかかる費用については各派の代表団体が自己負担する。それにかかる費用に上限を設けない。」というもの。

なお、「私（たち）は賛成です」といった個人や団体の考え、思いを述べる（意見表明）にとどまるものに関しては、「禁止すべきだ」とも提案しています。「それがなされなければ、たとえオプション［A］もしくは［B］が採用されても、公平性の確保はできないし、感性的認識が理性的認識を押さえ込む一票が多数を占めることになる」からと説明しています。

また、「資金力の多寡によって賛否各派の公平性が著しく損なわれることのないよう、国民投票運動で費やすことができる金に上限（一般的、直接的な費用規制の規定）を設けることを提案する。」として、

国民投票と国政選挙の規制比較

	国民投票	国政選挙
運動期間	60～180日間。 投票日当日も可能	衆院選12日間、 参院選17日間
ビラ配布、 拡声器の使用など	制限なし	制限あり
個別訪問	制限なし	禁止
テレビCM	投票日前14日以降の 運動広告は禁止	政党による政治活動の CMのみ可
新聞広告	制限なし	制限あり
選挙費用	制限なし	制限あり
18歳未満の選挙運動	制限なし	禁止
買収・利害誘導	組織的な多数を相手に した買収は罰則対象	禁止

出典：「CM規制論議、秋に持ち越し＝民放連は慎重－改憲の国民投票」時事通信2018年7月12日19時55分。

①「100万円を超える支出を行おうとする場合には、中央選挙管理会に登録をする。」②「登録をした者（登録運動者）は、国民投票運動のために用いられる文書図画（チラシ、ステッカー、ポスター、看板、のぼり、CM、ウェブサイト、動画など）に、その氏名等を表示しなければならない。」③「5億円を超える支出をしてはならない。」④「登録運動者は、国民投票期日の後、中央選挙管理会に対し、憲法改正案ごとに収入及び支出の報告をしなければならない。」と提案しています（「国民投票のルール改善（国民投票法の改正）を考え求める会の提案」2017年2月15日 http://ref-info.com/2017-02-13meet-3/)。

なお、以上の提案では、インターネットを使った広告の規制などに関する提案は含まれていません。

◆日本民間放送連盟と参議院憲法審査会への要望

2017年7月10日、「国民投票のルール改善（国民投票法の改正）を考え求める会」は、一般社団法人「日本民間放送連盟」（会長・井上弘）に対し、以下の要望を記した要望書を提出しました（http://ref-info.com/wp-content/uploads/2017/07/20170710- 民放連宛て要望書 .pdf）。

「国会が発議した憲法改正案に関する広告放送（①賛成投票、反対投票を勧誘する 表現を含むもの、②賛成、反対の意見表明にとどまるもの、のいずれの形態を含む。）の 料金等の条件について、憲法改正案に対する賛成、反対の立場で不平等が生じることが ないよう、公平なルールづくりを行うこと。」

また、同日、柳本卓治・参議院憲法審査会長に対し、要望書を提出しました（http://ref-info.com/wp-content/uploads/2017/07/20170710- 参院憲法審査会長宛て要望書 .pdf）。

◆衆議院憲法審査会の幹事懇談会（２０１８年７月12日）

衆議院憲法審査会は18年７月12日の幹事懇談会で、憲法改正国民投票をめぐり、テレビＣＭなど有料広告規制の在り方について日本民間放送連盟（民放連）から意見を聴取しました。

立憲民主党の山花郁夫氏は、「資金量の多寡が賛否に影響を与えないか」と懸念し、衆議院会派「無所属の会」の中川正春氏も法規制の必要性を指摘した上で、審査会と民放連で対応を協議していくことを提案しました。これに対し、民放連の永原伸専務理事は、国民への情報提供が「放送の責務」として、法規制に慎重な考えを示し、14日間のＣＭ禁止期間も撤廃すべきだと主張し、自主規制については要否も含め臨時国会までに検討すると説明しました。

永原氏は懇談会後、記者団に「過剰な規制は政治的表現、自由意志の表明が制約される」と語り、また、中谷元・与党筆頭幹事は、記者団に、政治的公平性を求める放送法４条に触れ「法律の範囲内でやればいい。報道と言論の自由があるので規制をかけられるものではない」と強調しました（「ＣＭ規制論議、秋に持ち越し＝民放連は慎重－改憲の国民投票」時事通信２０１８年7月12日19時55分）。

◆「国民投票のルール改善を考え求める会」の提案（２０１８年8月23日）

今年８月23日、「国民投票のルール改善（国民投票法の改正）を考え求める会」は、「資金保有力によって国民投票の結果に大きな影響が出ることを防ぐべく、国民投票運動としてのテレビＣＭを両陣営が同じ条件で流すルール」を提案しました。

具体的には、①「国民投票運動としてのテレビＣＭ」で放送される内容に関しては、あらかじめ両派（改憲派、護憲派）を代表する「指定団体」が自由に決めて制作する」、②「国民投票運動としてのテレビＣＭ」にかかる費用は無償とし、放送権料は国から直接放送局に支払われる」、③「ＮＨＫに対しても、同回数・同分数のＣＭ放送枠確保を要請する」というものです（http://ref-info.com/wp-content/uploads/2018/08/%EF%BC%BB国民投票のルール改善を考え求める会%EF%BC%BDの提案0823版.pdf）。

この提案は注目されます。ただし、改憲賛成派と改憲反対派で、それぞれに対する総量規制で合意できるのか、気になります。そもそも合意する主体の改憲賛成派と改憲反対派をどのように確定するのか、もめる可能性もあります。

なお、前記の提案では、「憲法改正意見表明」の広告放送は対象外になっていますが、２０１７年2月15日の提案を踏まえれば「憲法改正意見表明」の広告放送は禁止されることになりそうです。

◆テレビ広告の規制強化を求める超党派の議員連盟の動き

８月29日、「国民投票のルール改善（国民投票法の改正）を考え求める会」の要請に応える形で、衆参の国会議員有志が「国民投票運動としてのテレビＣＭ」に関して公平なルールを求める議員連盟を発足しました。会長は、船田元氏、副会長が桜井充氏、山尾志桜里氏で、杉尾秀哉氏、真山勇一氏が事務局を担っています。

同議員連盟は、10月12日、国会内で初めて総会を開き、日本民間放送連盟の代表者を招いて意見を交わしました。自民党の船田元会長は「金に糸目をつけず、ＣＭが横行すれば国民に影響が出てしまう。きちんとした公平なルールを確立することが重要だ」と指摘したのに対し、民放連の代表者は最低限のルールとして、投票日の14日前からテレビ広告の禁止期間が設定されている上、広告内容を精査し、賛否の量のバランスをとるのは事実上困難だとして、規制強化に慎重な考えを改めて示しました。

議員連盟は「表現の自由は確かにあるだろうが、賛否の意見が公平に流れることが非常に大事だ」として、自主的なルールを作るよう要請しました（「憲法改正の国民投票　民放連に広告の自主規制要請　超党派議連」ＮＨＫ２０１８年10月12日20時41分）。

第３節　巨額の広告料と企業のカネによる広告・広報のおそれ

◆「大阪都構想」住民投票（２０１５年５月17日）の経験

「国民投票のルール改善（国民投票法の改正）を考え求める会」が予想し、危惧するように、憲法改正の国民投票になれば、莫大なカネが「国民投票運動」や「憲法改正意見表明行為」に投入されることでしょう。とりわけテレビやラジオなどでのCM放送に巨額のカネが使われるのではないでしょうか。

これは、地方のある経験からも十分予想できます。それは、2015年5月17日に実施された「大阪都構想」における住民投票です。橋下徹・元大阪市長・元大阪府知事が率いる維新は、この住民投票を「憲法改正の予行練習」と位置づけました。「大阪都構想」の住民投票は憲法改正の国民投票と似ているからです。

「大阪都構想」をにらんで2012年に成立した大都市地域特別区設置法に基づく住民投票は、憲法改正の国民投票と同様に法的拘束力を持っていました。いずれも選挙運動の場合より制約が少なく、運動費用やビラ、ポスターの作製・配布は無制限でした。

「日本維新の会」は、2015年に大阪市で行われた「大阪都構想」の是非を問う住民投票で「約4億円の広告費の大部分がCMに充てられた」と説明しています（「CM規制論議、秋に持ち越し＝民放連は慎重－改憲の国民投票」時事通信2018年7月12日19時55分）が、実際はもっと高額だったのではないでしょうか。

別の報道によると、当時の都構想の住民投票では、賛成、反対のキャンペーンが過熱し、「賛否両陣営が計数億円の広告費を投じ、イメージ先行型のCMを連日放送」し（「（教えて！憲法　国民投票：6）メディアのCM規制、どうなるの？」朝日新聞2018年4月21日5時）、特に「維新は広告費に数億円をつぎ込んだ」とされ、橋下氏自身が登場するテレビCMを投票当日まで大量に流しましたと報じられました（「〈憲法を見つめて　住民投票の教訓〉（上）大阪都構想　規制なき広告、市民分断」

東京新聞２０１８年8月26日朝刊)。

　ところが、地方政党「大阪維新の会」(代表・松井一郎)の２０１５年分政治資金収支報告書によると、「宣伝事業費」名目の支出は約1億７０１万円にとどまり前年(２０１４年)の約1億２５３万円とほとんど変わりませんでした。そして国政政党「おおさか維新の会」(代表・松井一郎)の２０１５年分政治資金収支報告書によると、収入総額は4万９８００円しか記載されてはいませんでした。

　「維新」の前記広告費は、どこから捻出されたのでしょうか?

　真相は不明ですが、一つの可能性としては、国政政党「維新の党」の政治資金が考えられます。同党の２０１４年(代表・江田憲司)と２０１５年(代表・松野頼久)の「宣伝事業費」を比較すると、２０１４年は４１４５万円だけだったのに２０１５年は11億円もあったからです。

　大阪市の住民投票だけでもこんなに高額なのですから、全国の国民投票になれば、莫大な資金が投じられるのではないでしょうか。

　「CM料金」は「キー局のゴールデンタイム」なら「1本」だけで「数百万円」とされています(「(教えて!憲法　国民投票:6)メディアのCM規制、どうなるの?」朝日新聞２０１８年4月21日5時、「憲法改正の国民投票:選挙より少ない CM 規制に懸念」毎日新聞同年5月3日東京朝刊)。

　憲法改正の国民投票になれば、連日一日に数回は放送されるでしょうから、CM広告料はやはり巨額になるでしょう。映像と音声を伴うCMの影響は大きいので、資金力のある側が有利になりかねません。

◆企業のカネによる「国民投票運動」「憲法改正意見表明行為」の可能性

ところで、企業が蓄えたもうけを示す「内部留保」とは、製品やサービスの売上高から、人件費や原材料費、借金の利払い費、法人税などを差し引き残った「最終（当期）利益」から株主への配当等を支払い最後に残ったお金です。

企業の「内部留保」は、全国3万社あまりの企業を調査する財務省の法人企業統計によると、2005年度で200兆円程度でしたが、2015年度で377兆8689億円。企業が持つ現金と預金は内部留保全体の半分強で、2015年度に約199兆円（「内部留保　増え続け377兆円賃上げ、投資　迫る政府」毎日新聞2016年11月6日11時24分）。

財務省の2017年度の法人企業統計（2018年9月3日発表）によると、金融業と保険業を除く全産業の「内部留保」にあたる利益剰余金は前年比9・9％増の446兆4844億円と過去最高でした（「企業の内部留保、過去最高446兆円　17年度法人企業統計」日経新聞2018年9月3日9時34分）。

明文改憲を目指す自民党の政治資金のスポンサーは、財界、企業です。企業は、多くの場合、政治献金を通じて自民党の政治資金を支援しています。9条改憲を求めてきたのは、企業や経営者が加入している経済界でした。

政治資金規正法は、企業が政党以外の政治団体や個人に政治活動のための寄付をすることは禁止しています（第21条第1項）が、政党が政治団体に寄付することは禁止していないので、企業から寄付を受けた自民党本部や自民党支部がその企業献金で「国民投票運動」「憲法改正意見表明行為」を行う可能性があります。また、企業献金を受けた自民党本部・支部がその他の団体に寄付し、その団体がその寄付金で有料の広告放送を含む「国民投票運動」「憲法改正意見表明行為」を行うことも結果的には可能になります。そうなると、企業のカネが、直接または間接に、9条等の改憲賛成の「国民投票運動」「憲法改正意見表明行為」に投入されることになってしまいます。

また、企業が政党以外の団体に寄付し、その団体がその寄付金で「国民投票運動」「憲法改正意見表明行為」を行うことも禁止されてはいません。

そうなると、改憲派は資金力で圧倒的に有利になります。

◆企業の政治献金は本来許されない

企業の以上の行為のうち政治献金は、日本国憲法の下で本来許容されるのでしょうか?

私の答えはノーです。そもそも企業は本来経済活動をするための法人ですから、政治活動を行うために存在するのではありません。ですから、企業が特定の政党に政治献金をすることは憲法上も民法上も許されないはずです。株主には、様々な政治的思想・信条を有する方々がおり、株主は経済活動を行うために株式を購入しているのであって、政治活動をするために株主になっているわけではありませんから、企業が特定の政党に政治献金すれば、当然、その政党を支持しない株主の政治的思想・信条を侵害することになるからです。ですから、企業が政治献金することは、政治資金規正法で禁止すべきなのです（詳細については、上脇博之『財界主権国家・ニッポン』日本機関紙出版センター・2014年・第5章を参照）。

以上のことは、企業自身が「国民投票運動」「憲法改正意見表明行為」に資金を支出することにも妥当します。株主が全員改憲に賛成の立場とは考えられないからです。

したがって、企業が政党に政治献金することも、「国民投票運動」「憲法改正意見表明行為」を行う団体に寄付することも、法律で厳に禁止され、その違反に対しては罰則が用意されなければなりません。

その禁止が実現しないままの状態で、有料の広告放送を含む「国民投票運動」「憲法改正意見表明行為」が原則自由とされ、憲法改正の国民投票が行われると、不公正ですし、主権者国民の表現活動を歪め、ひいては憲法改正権を侵害することになります。それゆえ、企業に対する以上の行為の禁止が法制化されない現状のままで、憲法改正の国民投票が行われるべきではありません。

第4節　政党交付金（税金）による広告・広報のおそれ

◆自民党の政治資金は政党交付金のお陰でバブル状態

日本全体の政治資金はバブル経済時代と比較すると今は減少しています。1986年から89年までの4年間の平均の政治資金は約1643億円でした（政治資金の過去最高額は1991年の1867億円）が、2013年から16年までの4年間の平均の政治資金は約1097億円であり、546億円も減少しています。

一方、日本の最大政党である自民党の政治資金は、バブル経済時代と比較しても減少してはいません。むしろ若干増えています。同党の86年から4年間の平均の政治資金は約206億円でしたが、13年から4年間の平均の政治資金は241・5億円で、約35億円余りも増えています。つまり、自民党の政治資金はバブル状態なのです。

その原因は、自己調達資金が確保できているからではなく、国民の税金が原資の政党助成金を日本で一番受け取っているからです。自民党の直近の4年間の政党交付金の平均は169億円もあり、同党の本年収入のうち政党交付金の占める割合は、直近4年平均で約67％です。国営政党状態です。

以上のように自民党は高額な政党交付金を受け取っているため、政治資金がバブル状態です。

◆政党交付金が「国民投票運動」等に投入される恐れ

自民党本部の「翌年への繰越金」は年々増額しており、2015年以降100億円を超え1212・8億円で、2016年の「翌年への繰越額」は133・6億円でした。安倍自民党総裁は2015年末、明文改憲に向けて政治資金をそれまで以上に蓄え始めたのではないでしょうか。

自民党本部は、2010年以降、政治資金における政治活動費のうち「宣伝事業費」と「選挙関係費」を合計21億円～42億円くらい支出してきました。また、そのうち、2016年における自民党本部の「宣伝事業費」は16・21億円であり、そのうちの「宣伝広報費」は15・26億円でした。

憲法改正の国民投票では、それらがさらに大幅に増額されることでしょう。

自民党自身がその豊富な政治資金で「国民投票運動」や「憲法改正意見表明行為」を行うでしょう。また、自民党が政治資金をその他の団体に寄付し、その団体がその寄付金で「国民投票運動」や「憲法改正意見表明行為」を行えば、結果的に政党交付金が他の団体の「国民投票運動」「憲法改正意見表明行為」に流用されることになります。

◆政党助成法は違憲だから廃止されるべき！

しかし、政党交付金を定めている政党助成法は、衆参国政選挙の選挙結果を政党交付金の交付を受ける資格や配分基準に流用しているので、それを拒否する政治的自己決定権（憲法第13条）を保障していませんから違憲です。

また、政党助成法では無所属の議員や「政党」要件を充足しない政治団体を政党交付金から排除しているので平等原則（憲法第14条）に抵触し違憲です。さらに、政党交付金を受け取っている政党は、国民から政治資金を集める努力をしなくても税金で自己の政治資金を確保できることになり、社会（国民）の中からその必要性によって誕生し存続するという政党の本質を喪失させるので、結社の自由（憲法第21条）を侵害することにもなり違憲です。

それゆえ政党助成法は廃止すべきです（詳細については、上脇博之『誰も言わない政党助成金の闇』日本機関紙出版センター・２０１４年・第４章を参照）。

政党交付金が有料の広告放送を含む「国民投票運動」「憲法改正意見表明行為」に直接または間接に投入・流用されることになれば、主権者国民の表現活動を歪め、ひいては憲法改正権を侵害することになるので、政党助成法は廃止されるべきです。それゆえ、違憲の政党助成法を廃止しないまま憲法改正の国民投票を行うべきではありません。

第４章　〝公正〟ではない使途不明金投入のおそれ

第１節　自民党本部の高額な使途不明金

◆自民党本部の「政策活動費」名目の幹事長ら国会議員への支出

前述したように自民党本部は、１９９４年「政治改革」によって導入された、税金の政党交付金のお陰で、その政治資金はバブル状態の国営政党なのですが、それに乗じて自民党本部は、幹事長などの一部の国会議員個人に対し「組織活動費」「政策活動費」の名目で「寄付」してきました。

その合計額は、例えば、自民党が下野していて参議院通常選挙のあった２０１０年で７・８億円弱、下野中で国政選挙のなかった２０１１年は５億６６７０万円でした。

政権復帰した２０１２年は９・６億万円強で、そのうち、計２億円を超える「政策活動費」を受け取っていたのは、旧幹事長の石原伸晃議員（２億７８０万円）、新幹事長の石破茂議員（２億６０００万円）、総裁の安倍晋三議員（2億５０００万円）でした。

政権復帰後の２０１４年、自民党は、12月の衆議院総選挙でも勝利しましたが、16億円弱が「政策活動費」名目で寄付され、そのうち、旧幹事長の石破茂議員に5億１１４０万円、新幹事長の谷垣禎一議員に8億５９０万円が寄付されていました。同年11月21日に衆議院が解散され（同年12月２日公示）、12月14日に総選挙の投開票が施行されましたが、自民党本部は11月21日から12月14日までの期間に限定しても谷垣禎一幹事長に計4億7500万円の「政策活動費」を支出していました。

2016年は夏の参議院通常選挙でも自民党は勝利しましたが、17億円強もの支出が幹事長らに寄付されていました。自民党の「組織活動費」「政策活動費」名目の使途不明金の年間額が異常に高額なのは、他党の場合と比べても突出しています（参照、上脇博之『ここまできた小選挙区制の弊害』あけび書房・2018年第3章）。

2010年~2015年の自民党本部の「政策活動費」名目で幹事長らへの支出額と受領議員数

年	「政策活動費」名目の支出合計	受領議員数	国政選挙
2010年	7億7900万円	17人	参議院通常選挙
2011年	5億6670万円	18人	
2012年	9億6510万円	19人	衆議院総選挙
2013年	12億9080万円	14人	参議院通常選挙
2014年	15億9260万円	13人	衆議院総選挙
2015年	12億3920万円	22人	
2016年	17億0390万円	19人	参議院通常選挙

これらは、会計帳簿上は政党交付金（税金）ではありませんが、高額な政党交付金のお陰で政治資金は余裕が生まれているのですから、「政党交付金に依存している自民党の政治資金は事実上政党交付金である」と納税者は受けとめ、「事実上税金が使途不明金になっている」と考えるでしょう。

◆政治資金規正法はこの点で「ザル法」ではないはず！

以上の支出については、それを受け取った議員が最終的にいつ何の目的で誰に対し支出されたのか、どこにも報告されていませんので、使途不明金です。となると、自民党のこの使途不明金は、従来、政治や選挙で裏金になっている可能性が高いのです。

これは違法なのです。解説しておきましょう。

政治資金規正法は、「政治団体に係る政治資金の収支の公開」

を義務づけており（第1条）、国会議員などの「公職の候補者」に政治活動のための寄付を原則として禁止していますが、その寄付者が政党の場合については例外として許容しているのです（第21条の2）。そこで、自民党本部は前述のように「政策活動費」名目の寄付を幹事長らに行っているのです。

問題はここからです。政治資金規正法は、国会議員らのために政治資金の拠出を受ける政治団体（資金管理団体）を認めているので（第19条第1項）、国会議員個人が受け取った寄付は、この「資金管理団体」の収支報告書で記載されるべきなのですが、政界では、記載する必要はないという解釈・運用がなされています。つまり、党本部から受け取った議員は「政策活動費」を自己の資金管理団体で一切収支報告してはいないため、実質的な税金である政治資金が使途不明金になっています。言い換えれば、ポケットマネーまたは政治や選挙の裏金になっているわけで、政治資金の透明化を要求している政治資金規正法の趣旨に反します。

◆「ザル法」にした東京地検特捜部

実は、過去の合計金額は、もっと高額なのです。例えば、衆議院総選挙のあった1996年は約74・3億円を、複数の国会議員に対し支出した旨、各政治資金収支報告書に記載していました。その後も、例えば、衆議院総選挙のあった2000年は約85億円の「政策活動費」名目の支出がありました。

そのうち、1998年分と1999年分につき、私が参加している市民団体は、2000年9月6日に自民党本部に対し質問状を送付しました。回答がないので、本部からカネを受け取った現職の国会議員294名に対し、質問状を送付しました。そうすると、同年11月28日付け文書で自民党から次

2010年~2016年の自民党本部の「政策活動費」名目での各議員への年間5000万円以上の「寄付」支出額
(党内役職は政治資金収支報告書には明記されてはおらず、上脇の調査に基づく推定)

2010年自民党「政策活動費」名目の議員らへの寄付（5000万円以上）		
党内役職	受け取った議員	金額
幹事長、9月から副総裁	大島　理森	4億1150万円
9月から幹事長	石原　伸晃	1億8160万円
7月末まで参院議員会長	尾辻　秀久	6000万円

2011年自民党「政策活動費」名目の議員らへの寄付（5000万円以上）		
党内役職	受け取った議員	金額
幹事長	石原　伸晃	3億4750万円

2012年自民党「政策活動費」名目の議員らへの寄付（5000万円以上）		
党内役職等	受け取った議員	金額
9月から幹事長	石破　　茂	2億6000万円
10月から総裁	安倍　晋三	2億5000万円
9月まで幹事長	石原　伸晃	2億0780万円
TPP参加の即時撤回を求める会会長	森山　　裕	6280万円

2013年自民党「政策活動費」名目の議員らへの寄付（5000万円以上）		
党内役職等	受け取った議員	金額
幹事長	石破　　茂	10億2710万円

2014年自民党「政策活動費」名目の議員らへの寄付（5000万円以上）		
党内役職等	受け取った議員	金額
9月から幹事長	谷垣　禎一	8億5950万円
8月まで幹事長	石破　　茂	5億1140万円

2015年自民党「政策活動費」名目の議員らへの寄付（5000万円以上）		
党内役職等	受け取った議員	金額
幹事長	谷垣　禎一	7億0880万円
選対委員長	茂木　敏充	1億5550万円
経理局長	吉川　貴盛	6000万円

2016年自民党「政策活動費」名目の議員らへの寄付（5000万円以上）		
党内役職等	受け取った議員	金額
8月まで幹事長	谷垣　禎一	6億7950万円
総務会長、8月から幹事長	二階　俊博	5億0250万円
参議院国対委員長、7月末から参議院陰幹事長	吉田　博美	1億2000万円
選対委員長、8月から政調会長	茂木　敏充	1億0190万円
経理局長	吉川　貴盛	5000万円

の回答がありました。

「組織活動費は党役員、党所属議員に目的を定めて支給されており、政策立案及び政策普及のため情報収集、調査分析、党組織拡大のためのＰＲ活動等の政治活動に使われています。党役員、党所属議員としての政治活動経費に全て使われていますので、個人の利益となる所得ではなく税務上の処理はありません」。

自民党本部から議員らが受け取った「政策活動費」は党本部の政治活動のために支出されているというのであれば、政治資金規正法は、その支出の詳細を自民党の政治資金収支報告書に記載すべきであると定めているのに、自民党本部はその義務に違反して真実の支出を記載していないことになります。そこで、私たち市民団体は、２００１年２月６日に、政治資金規正法違反（虚偽記載）容疑で会計責任者（森喜朗）を刑事告発しました。

しかし、東京地検特捜部は同年11月21日に不起訴処分にしたのです。つまり、東京地検特捜部は政治資金規正法を、この点で「ザル法」にしたのです。

それゆえ、自民党本部は、前述したように合計額や受領議員数は減少するものの、その後も毎年「政策活動費」名目での幹事長ら議員に対する「寄付」を継続しているのです。

1996年年～2004年の政党本部の幹事長らへの「政策活動費」名目の年間「寄付」合計額

年	政策活動費の金額	国政選挙
1996年	74億2731万円	衆議院総選挙
1997年	28億9120万円	
1998年	58億5070万円	参議院通常選挙
1999年	48億0470万円	
2000年	85億0385万円	衆議院総選挙
2001年	58億2051万円	参議院通常選挙
2002年	45億6450万円	
2003年	73億1780万円	衆議院総選挙
2004年	34億4720万円	参議院通常選挙

2010年～2016年自民党本部の「調査費」名目の議員らへの「寄付」支出の年間合計額（円）と受領人数

2010年	2011年	2012年	2013年	2014年	2015年	2016年
6,126,180	2,927,120	13,300,000	28,906,040	56,270,000	54,766,000	68,150,000
8人	4人	5人	8人	16人	13人	12人
参議院 通常選挙		衆議院 総選挙	参議院 通常選挙	衆議院 総選挙		参議院 通常選挙

◆自民党本部の「調査費」名目の国会議員らへの「寄付」

自民党本部の政治資金収支報告書をチェックしていたら、「政策活動費」名目以外でも類似の使途不明金があることがわかりました。その支出名目は「調査費」です。その年間合計額は「政策活動費」名目の支出と比較すると、必ずしも高額ではありません。

例えば、自民党が下野していて夏に参議院通常選挙のあった２０１０年は、約６１２・６万円、国政選挙のなかった２０１１年は約２９２・７万円でした。もっとも自民党が再び政権に復帰すると、その金額は増額されていました。自民党が衆議院総選挙の結果で政権復帰した２０１２年は１３３０万円、夏の参議院通常選挙のあった２０１６年は６８１５万円でした。

憲法改正の国民投票になると、その合計額も大幅に増額する可能性があります。

第２節　自民党の都道府県支部連合会等の類似の使途不明金

◆高額な使途不明金の県支部連合会

自民党本部の以上の手法は、大なり小なり、各都道府県支部連合会や各支部でも同様に模倣されており、使途不明の支出がおこなわれています（上脇博之『追及！　安倍自民党・内閣と小池都知事の「政治とカネ」疑惑』日本機関紙出版センター・2016年、141頁以下）。ただ、都道府県支部連合会の使途不明金には、議員個人に対するもの以外もあります。

2016年分を調べたところ、個人等に対して「政策活動費」「活動費」名目などで高額な「寄付」支出をしている県支部連合会は多数あります。例えば、自民党福島県支部連合会では「組織対策費」名目で多数の個人に対し計6702万円超の寄付がなされていました。なお、加えて、「組織活動費、組織対策費」の「役員打ち切り旅費」名目で多数の個人に対し計465万円、「組織活動費、交通費」の「打ち切り交通費」名目で234万円弱、「組織活動費、交際費」の「幹事長交際費」名目で1名に対し28万円が支出されていました。これらを加えると2016年の1年間だけで7430万円弱です。

そのほか、自民党愛知県支部連合会では「政治資金パーティ開催事業費」の「活動費」名目で多数の個人に対し計3131万円超、「選挙関係費（参議院議員選挙費）」の「活動費」名目で多数の個人に対し計1860万円を寄付していたのです。合計すると、4991万円超でした。

また、自民党鹿児島県支部連合会では「選挙関係費（調査費）」の「調査費」名目で多数の個人に対し1950万円、「選挙関係費（活動費）」の「活動費」名目で多数の個人に対し計1850万円、「組織活動費（組織委員会費）」の「活動費」名目で多数の個人に289万円弱、「調査研究費（政務調査会費）」の「活動費」名目で複数の個人に対し40万円、「宣伝事業費（広報委員会費）」の「活動費」名目と「政治資金開催パーティー事業費」の「活動費」名目でそれぞれ1名に各10万円を支出していました。合計すると4149万円弱でした。

さらに、自民党群馬県支部連合会では「活動費」名目と「青年部・女性部28年活動費」名目で計3058万円弱の寄付が、それぞれ行われていました。

◆自民党都道府県支部連合会の使途不明金（2016年）は3・6億円

以上のほか各道府県支部連合会でも大なり小なり個人等に対する「寄付」がなされています。9割余り調査した2016年分では、前記の代表例を含め合計すると少なくとも3億6000万円超になります。

この手口は、自民党の個々の政党支部でも行われている可能性があります。自民党の支部数は7644で、他党に比べ政党支部数が多いので（民進党は470、公明党は443）、同じ手口の使途不明金があれば、相当高額になるでしょう。

自民党の本部は、毎年、高額な政党交付金（税金）を受け取っていますが、同本部は、毎年、都道府県支部連合会や各支部に対し「交付金」名目で政治資金を流し込んでいます。ですから、自民党の都道府県支部連合会や全国の支部の使途不明金の原資は、事実上税金（政党交付金）であると言っても過言ではありません。

◆使途報告制度のない国会議員への「文書通信交通滞在費」（年間1200万円）

以上とは少し性質の異なる使途不明金もあります。

衆参の各国会議員には、毎月100万円の「文書通信交通滞在費」（税金）が支給されています。年間で1200万円です。政党助成法に基づく届け出によると、自民党の国会議員数は2018年1月1日現在で407名（衆議院284名、参議院123名）です。自民党衆参国会議員の1年間の「文書通信交通滞在費」の合計額は48億8400万円になります。

この「文書通信交通滞在費」については、独自の収支報告制度がありません。それゆえ、それを自己の政党本部、支部、政治団体に寄付して、それらの政治資金収支報告書で記載していれば別ですが、そうでなければ、議員に支給される税金が使途不明金になっていることになります。

第3節　内閣官房報償費（機密費）における「政策推進費」の使途不明金

◆使途が公表されない内閣官房報償費（機密費）

内閣官房長官には、その目的を逸脱しない限り自由に使える公金があります。その公金が内閣官房報償費です。会計検査院でさえその支払いの相手方を知らされず、領収書もチェックできず、その使途は世間に一切非公開とされてきました。それゆえ、従来「官房機密費」とも呼ばれました。

しかし、内閣官房報償費（機密費）は、過去に、本来の目的を逸脱して以外のために投入されてきた、という重大な疑惑があります。

◆外務省機密費詐取事件と内部文書その1（「古川ペーパー」）

2001年に、外務省の機密費が詐取された事件（要人外国訪問支援室長の逮捕は同年3月10日）

がマスコミで報じられ、それが「組織ぐるみ」で流用であり、首相官邸に「上納」されていたのではないかと疑惑へと発展しました。

同年2月には、竹下登内閣（1987年11月6日～89年6月3日。内閣官房長官は小渕恵三）から宇野宗佑内閣（89年6月3日～同年8月10日。内閣官房長官は塩川正十郎）への「引継ぎ文書」が国会で取り上げられました。

この「引継ぎ文書」は、89年5月に作成された文書で、当時、首席内閣参事官だった古川貞二郎氏が作成したと筆跡鑑定されており「古川ペーパー」とも呼ばれました。これは、「報償費について」「報償費の推移（決算額）」と別紙A「報償費について」（平成元。5）、別紙B「報償費について」（平成元。5）で構成されており、この記載内容によると、機密費が外務省から内閣官房に「上納」されたという疑惑を裏付けるものではないか、かつ、官房機密費が消費税の導入等のために投入されたのではないかと国会で追及され、マスコミも注目しました。

すなわち、この引継ぎ文書「報償費について」においては、内閣官房報償費の「性格」「報償の額」「平成元年度分の使用状況」が説明されており、また、「報償の額」の箇所においては、1983年度（昭和58年度）から1989年度（平成元年度）までの7年間の「報償費の推移（決算額）」が明記されており、「内閣分」と「外務省分」の報償費の年度別総額と両者の合計額が記載されています。つまり外務省から官邸への「上納」を裏付けているのです、

また特に「自民党外交対策費」というのが明記されており、内閣のための報償費が特定の政党のために使用されていること（公金が私的なもののために投入されていること）がわかります。

　これに加えて、「報償費の推移（決算額）」における「（留意点）」の箇所には、次のような記述がありました。

「昭和63年度分については、5億円（内閣分1億、外務省分4億）が増額されているが、これは、税制改正のための特別の扱いである。更に平成元年度についても、引き続き同様の額を計上しているが、これも新税制の円滑実施等の事情によるものであり、異例の扱いである。」

　税制の改正等をするときに異例の5億円が使用されているというのは、いわゆる国会対策（国対）のために公金が投入されていることを示唆しています。これについて、古川利明『日本の裏金［上］首相官邸・外務省編』（第三書館・2007年）は、「ここにある『税制改正』とは、当時の大蔵省の悲願だった『大型間接税』、つまり、『消費税』の導入のことである。」と解説しています（65頁）。

◆内部文書その2（KOKUYOの「金銭出納帳」等）

　また、2002年4月には、ほぼ10年前の宮沢喜一内閣（1991年11月5日～93年8月9日）で加藤紘一衆議院議員が官房長官を務めていた時期（91年11月～92年12月）の内閣官房報償費のごく一部（14カ月分で約1億4380万円）についての内部文書が国会で取り上げられ、報償費の使途としては相応しくない「国会対策費」等に支出されているのではないかと追及が行われ、マスコミもこれに注目し報じました。

　この内部文書は、KOKUYOの「金銭出納帳」、「収支整理表」、「支出内訳明細表」で構成されており、そのうちの「収支整理表」は、内閣官房報償費の執行に関わった人物が収入と支出を整理してまとめたもので、「収入」においては、内閣官房長官から受け取った日と金額を小計とともに記載したものであり、「支出」においては、その内訳を支出項目（パーティー、手当、国対、香典、餞別、経費、花、結婚式、御祝、見舞出張）毎に概算で記載したものです。

以上のうち、例えば、パーティー（政治資金パーティ）や国対などへの支出は、違法な支出あるいは公金の使途として不適切な支出です。

以上は、政府の内部文書で明らかになった目的外支出の疑惑です。

◆年間12億円のうち領収書不要の「政策推進費」が9割

このような疑惑のある内閣官房報償費（機密費）は、現在では、目的別に「政策推進費」「調査情報対策費」「活動関係費」があり、そのうち、「政策推進費」は公式の出納帳は存在せず、官房長官自身が管理して自らの判断で支出ができ、必ずしも領収書の徴収を要しないものです。

私が共同代表を務める「政治資金オンブズマン」は、内閣官房報償費の使途の原則公開を求めて11年余り裁判闘争しました。最高裁第二小法廷判決（２０１８年1月19日）は私たち原告の請求の一部を認め、後日関係文書が私たちに開示されました。

近年における内閣官房報償の年間総額は約12億円ですが、そのうち、「政策推進費」が約9割という実態が最高裁判決後に関係文書が開示されたことで判明しました。

「政策推進費」の支出においては領収書の徴収が不要なため会計検査院も実質的な審査はできず、内閣官房長官が目的外支出を行い易い公金なのです。つまり、内閣官房長官の裏金なのです。

２０１２年12月の第二次安倍内閣の発足から２０１７年末までの5年間に菅義偉官房長官が受領した内閣官房機密費（報償費）は総額約62億５１０５万円で、支出した総額は約61億６８０４万円でした。そのうち、領収書の必要ではない「政策推進費」の支出総額は56億１３６０万円で、全体の91％でした（「機密費　領収書なし56億円　安倍政権の5年」しんぶん赤旗２０１８年3月30日）。

◆菅官房長官は抜本見直し要求を無視状態

原告団・弁護団は、菅義偉官房長官に対し18年3月20日付で、内閣官房報償費の目的外支出を防止するために「内閣官房報償費の根本的見直し要求書」を送付しました。私たちが要求した見直しは、いずれも立法措置を要せず、官房長官さえその気になれば実行できる措置です。現行の内閣官房報償費の管理に関する定めは、法律でも政令でもなく、官房長官限りで決定している基本方針によっているからです。しかし、菅官房長官は、いまだに何らの反応も示してはいません（詳細については、上脇博之『内閣官房長官の裏金』日本機関紙出版センター・２０１８年を参照）。

第４節　使途不明金で買収や広告がなされるおそれ

◆「買収」に投入されるおそれ

以上、自民党本部、支部連合会、国会議員、内閣官房長官の使途不明金（裏金）をご紹介しました。

これらの使途不明金が改憲の国会発議のために自民党内あるいは他党の改憲慎重派・反対派の国会議

員らを買収するために投入され、また、発議後の憲法改正国民投票において改憲慎重派・反対派の国民を買収するために投入される恐れがあります。

少なくとも、そうならないことを明言できる歯止めの制度は確保されていません。使途不明金が存在する限り、その疑念は払拭できません。

◆買収・利害誘導罪は「組織的多数人」に対する場合に限定（第109条）

私の以上の疑念に対しては、国民投票法で買収は禁止されているし、それが立証されれば、その数次第では国民投票の結果に影響を及ぼし、結論がひっくり返る、との反論が予想されます。

しかし、衆参の国政選挙の場合も地方選挙の場合も、公職選挙法には「買収及び利害誘導罪」（第221条）と「多数人買収及び多数人利害誘導罪」（第222条）が明記されていますが、憲法改正の国民投票では、「買収・利害誘導罪」は「組織的多数人」に対する場合に限定されているのです（国民投票法第109条）。

ここでいう「多数」とは「単に『2人以上』というのは適当ではなく、相当するに達するのを要する」と解釈されています（土本武司『最新公職選挙法罰則精解』日本加除出版1995年97頁）ので、ごく少人数に対する「買収・利害誘導」は罰則による規制はなされてはいないのです。そのうえ、公選法にはない「組織により」の文言があるので、組織によらない「買収・利害誘導」は処罰の対象外なのです。

つまり、「組織により」「組織的多数人」に対する「買収・利害誘導」が行われた場合しか処罰されないのです。このように公選法に比べ処罰される「買収・利害誘導罪」が限定され、それ以外の「買収・利害誘導」は禁止されていないので、「買収・利害誘導」があちこちで横行するのではないかと危惧されます。

そのうえ、国民投票法は、国会の発議までは規制の対象外です。ですから、自民党が自党の内外の国会議員を買収することが容易なのです。

さらに、国民投票の結果の無効を求める訴訟は、中央選挙管理委員会が「憲法改正案に対する賛成の投票の数及び反対の投票の数、投票総数（憲法改正案に対する賛成の投票の数及び反対の投票の数を合計した数をいう。）並びに憲法改正案に対する賛成の投票の数が当該投票総数の2分の1を超える旨又は超えない旨を官報で告示」（憲法改正国民投票法第98条第2項）した日から「30日以内」に提訴することを要件にしています（同法第１２７条）から、買収を理由にした国民投票無効訴訟の提起には間に合わないのは明らかです。

◆使途不明金が他の団体の改憲広報に投入されるおそれ

改憲に関するＣＭ放送の総量規制が実現できない場合、前述の使途不明金が他の団体に寄付され、その寄付を受けた団体がそのカネで改憲広告する恐れがあります。

通常、テレビ・ラジオの視聴者、新聞・雑誌・インターネットの読者は、改憲広告を行っている者がその自己資金でその広告を行っている、と受けとめることでしょう。しかし、上記の場合は、改憲広告する団体が自己のカネで行っているのではなく、その団体以外のカネで行っているのです。

そうなると、自民党の本部、支部、内閣官房長官、国会議員が税金を原資とするカネの使途不明金を通じて他の団体に改憲広告を行わせることも可能になってしまうのです。それを知らない視聴者や読者は、改憲政党の自民党以外の国民の一部がカネのかかる改憲広告をしてまで改憲を積極的に歓迎・賛成する団体があると錯覚することになるのです。

このようなことが横行すると、改憲についての民意は歪められてしまい、不公正でもあるのです。

◆使途不明金の予防制度なしに改憲手続きを進めるのは不公正

以上のように使途不明金による改憲買収や改憲広告がなされないようにするためには、自民党の本部、支部、政治団体、内閣官房長官、衆参の国会議員の使途不明金が生じないように法律を制定あるいは改正し、カネの使途の透明さを確保する必要があります。

そのことなしに国民投票を含む憲法改正手続きが進められれば、いくら改憲のCM放送などの広告に対する規制等をしても憲法改正に対する民意は歪められ、不公正な結果が生じてしまうのです。したがって、使途不明金が生じないよう歯止めとしての法律整備がなされない状態では、憲法改正の国民投票を含めその手続きが行われるべきではなりません。

おわりに

本書第2部において安倍自民党改憲の建前と本音をそれぞれ明らかにしましたが、さらに安倍改憲の本音全体を簡潔に説明すると、平和憲法である日本国憲法を「戦争できる憲法」に変質させる大きな一歩を踏み出すために、国家権力に対する憲法による規制を大幅に緩和し、内閣に強大な権限を付与することなのです。これでは、国家権力の暴走に対する憲法による歯止めを大幅に後退させ、平和主義の放棄のほか、議会制民主主義も地方自治も立憲主義も基本的人権尊重主義も根抜きになることは明らかです。違憲・無効の憲法改悪であると許さざるを得ません。

その本音を国民に悟られないようにするために、安倍自民党は、「自衛隊を認めるだけ」、「参議院の『合区』を解消するため」、「高等教育の無償化や私学助成を『合憲』にするため」、「自然災害に備えて国民を守るため」等と、平然と嘘の建前で説明・宣伝をしています。

そのために、安倍自民党は、改憲不要な「7項目」を、改憲が必要であるかのごとく説明して、「内容において関連する事項ごとに区分して」改憲「4項目」として提示し、その「4項目」改憲すべてに国民の賛成を得ようと画策しているのです。

学校法人「森友学園」への国有地の違法（財政法違反）売払いと安倍首相夫妻の〝口利き〟等を隠蔽するために、安倍政権は公文書の廃棄・改ざんという違法行為（公文書管理法違反）を強行し、会計検査院にまで真実の文書を提出しないという違法行為（会計検査院法違反）を行いましたが、いま安倍自民党は、改憲においても同様に嘘の説明・宣伝を行っているのです。

私たち主権者は、その嘘を見破り、安倍改憲の本音を知り、それを一人でも多くの主権者に知らせる必要があります。真実を隠して憲法改正手続きを進めることには、改憲反対派だけではなく改憲賛成派も反対されるはずです。本書が安倍「4項目」改憲の本音を知っていただく一助になれば幸いです。

また、第3部で取り上げた、憲法改正の国民投票に関する広告・広報運動においては、改憲賛成派と改憲反対派との間に資金力の点で〝重大な不公平状態〟が生じることは必至ですし、さらに安倍政権・自民党には高額な使途不明金があり、それが運動に投入されれば、真の広告者・広報者が不明な広告・広報が行われ、あるいはまた買収や饗応のし放題状態となり、それは〝あまりにも不公正な状態〟です。国の最高法規である憲法の改正手続きとしては、決して看過できない重大問題です。改憲が成立しても、その正当性を堂々と主張できないことになります。

ですから、その防止策が講じられないまま憲法改正手続きが進められることがあってなりません。後世に禍根を残します。この点は、改憲反対派だけではなく改憲賛成派も当然賛同されるはずです。

私たち主権者は、憲法改正に関する広告・広報の資金の点での〝不公平さ〟の問題ほか〝不公正さ〟の問題についても十分知り、さらにそれらのことを一人でも多くの国民に知らせる必要があります。この点でも本書が一助になることを切に願っています。

2018年11月4日

【著者紹介】

上脇　博之（かみわき ひろし）

1958年7月、鹿児島県始良郡隼人町（現在の霧島市隼人町）生まれ。鹿児島県立加治木高等学校卒業。関西大学法学部卒業。神戸大学大学院法学研究科博士課程後期課程単位取得。日本学術振興会特別研究員（PD）、北九州市立大学法学部講師・助教授・教授を経て、2004年から神戸学院大学大学院実務法学研究科教授、2015年から同大学法学部教授。

専門は憲法学。2000年に博士（法学）号を取得（神戸大学）。

憲法運動、市民運動の分野に参加しながら現在、「政治資金オンブズマン」共同代表、公益財団法人「政治資金センター」理事など。
◆研究書・単著
『政党国家論と憲法学』（信山社、1999年）
『政党助成法の憲法問題』（日本評論社、1999年）
『政党国家論と国民代表論の憲法問題』（日本評論社、2005年）
◆共著
播磨信義・上脇博之・木下智史・脇田吉隆・渡辺洋編著『新どうなっている!?　日本国憲法〔第2版〕〔第3版〕』（法律文化社、2009年、2016年）など。
◆一般向けブックレット（近年のもの）
『どう思う？　地方議員削減』（日本機関紙出版センター、2014年）
『誰も言わない政党助成金の闇』（日本機関紙出版センター、2014年）
『財界主権国家・ニッポン』（日本機関紙出版センター、2014年）
『政治とカネ』（かもがわ出版、2015年）
『追及！ 民主主義の蹂躙者たち』（日本機関紙出版センター、2016年）
『追及！ 安倍自民党・内閣と小池都知事の「政治とカネ」疑惑』（日本機関紙出版センター、2016年）
『日本国憲法の真価と改憲論の正体』（日本機関紙出版センター、2017年）
『ここまできた小選挙区制の弊害』（あけび書房、2018年）
『内閣官房長官の裏金』（日本機関紙出版センター、2018年）など。
◆一般向け共著
坂本修・小沢隆一・上脇博之『国会議員定数削減と私たちの選択』（新日本出版社、2011年）。

安倍「4項目」改憲の建前と本音

2018年12月25日　初版第1刷発行

著者　上脇博之
発行者　坂手崇保
発行所　日本機関紙出版センター
〒553-0006　大阪市福島区吉野3-2-35
TEL 06-6465-1254　FAX 06-6465-1255
http://kikanshi-book.com/　hon@nike.eonet.ne.jp
本文組版　Third
編集　丸尾忠義
印刷・製本　シナノパブリッシングプレス

ISBN978-4-88900-968-2